中国信息化与法治化建设研究

熊洁 著

ZHONGGUO
XINXIHUA YU
FAZHIHUA JIANSHE
YANJIU

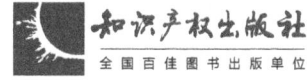

知识产权出版社

全国百佳图书出版单位

图书在版编目（CIP）数据

中国信息化与法治化建设研究/熊洁著. —北京：知识产权出版社，2017.11
ISBN 978-7-5130-5297-9

Ⅰ.①中… Ⅱ.①熊… Ⅲ.①信息化—研究—中国 ②社会主义法制—建设—研究—中国 Ⅳ.①G202②D920.0

中国版本图书馆 CIP 数据核字（2017）第 288091 号

内容提要

本书主要阐述了如何在新时代进行思想创新；如何在生存发展中保护人权、推进社会建设；在"双创"背景下进行知识产权保护的必要性和建议；在"依法治国"的大背景下刑法学首先要解决的问题；计算机犯罪的刑罚量化问题；网络社会的治理问题；信息化和法治建设中高等教育的改革问题，并以动态取证技术为对象对司法活动中信息技术的应用进行了研究。

责任编辑：张水华　　　　　　　　　　封面设计：刘　伟

中国信息化与法治化建设研究

熊　洁　著

出版发行：知识产权出版社有限责任公司	网　址：http://www.ipph.cn
社　　址：北京市海淀区气象路 50 号院	邮　编：100081
责编电话：010-82000860 转 8389	责编邮箱：46816202@qq.com
发行电话：010-82000860 转 8101/8102	发行传真：010-82000893/82005070/82000270
印　　刷：虎彩印艺股份有限公司	经　销：各大网上书店、新华书店及相关专业书店
开　　本：720mm×1000mm　1/16	印　张：11
版　　次：2017 年 11 月第 1 版	印　次：2017 年 11 月第 1 次印刷
字　　数：180 千字	定　价：42.00 元

ISBN 978-7-5130-5297-9

前　言

记得很多年以前我第一次见到电脑，那是在学校每周两次的计算机实验课上，一个白色的大塑料盒子，黑白的屏，每次很辛苦地把自己编写的一句句干涩的 DOS 命令小心谨慎地敲进去，出来的结果却总是很简单，经常还会出现一些莫名其妙的报错让人抓狂，当时我心里真是觉得这么辛苦地学这个有什么用，这个电脑能干什么……

不知道是从哪一天开始，事情变得简单了，只需轻轻点几下鼠标，网络就把我带到不知道有多远的地方去了，彩色的屏幕里，巴黎的时装、东京的樱花、中东的战火、联合国的风云等都扑面而来。直到有一天去菜市场买菜，忘记带钱包，菜贩很随意地跟我说：那你用支付宝吧，微信也行，这是我的二维码。我愣愣地看着她，约莫五十岁的样子，风尘仆仆的脸，沾着泥土的手，一辆半旧的三轮车上菜也不多，也许是她自家种的，我突然发现这个世界变了，总是出现在书本上、新闻里的信息化社会、无现金社会已经来了。

社会突然变得简单又复杂起来，各种各样的听过的没听过的、见过的没见过的东西在网上就可以买到，穿着制服、满脸笑意的快递小哥会直接送到你家门口，上班路上也会遇到黑皮肤的、白皮肤的外国人和我一样骑着电瓶车穿过隧道，小区里满是天南地北的唠嗑，业委会的选举热闹非凡，微信警务平台又在通报隔壁小区发生电信诈骗……生活总是这样丰富而深刻，教会我们思考。

在这个与世界交互发展的过程中我们也不可避免地产生了一些问题和矛盾，可能涉及衣食住行，涉及民事、刑事、行政等多个方面，也可能涉及国家、政府、单位和公民各个层面。"依法治国"不再仅仅是新闻联播里播报的领导人讲话，它已经真真切切地来到了我们身边。

社会发展中产生的问题必将在社会发展中解决，不是以这种方式就是以那种方式，既然我们的党、我们的国家、我们的政府、我们的人民选择了法律的方式，就应该建立法律的渠道让每一个公民和我们的社会都获得良好的发展。生于斯、长于斯，我努力将自己这几年学习、生活、工作中的所思所想撰写成文，人生还很漫长，还有许多远景不曾看过，每每写到疑难处，眼前不由闪过贝卡利亚、龙勃罗梭、格劳秀斯、孟德斯鸠、边沁、霍姆斯这许许多多大师的身影，不知道他们年轻的时候是否也这样犹豫彷徨、怀疑自己，不知道他们是如何面对自己内心深处的回响的。我不敢与他们相比，但是先贤的光辉照耀着我鼓起勇气继续前进。

也许还很稚嫩，想起了傅雷先生的话：也许人总是胆怯的动物，在明确的舆论未成立以前，明哲的办法是含糊一下再说。但舆论还得大众去培植；而文艺的成长，急需社会的批评，而非谨虑的或冷淡的缄默。是非好恶，不妨直说。说错了看错了，自有人指正。——无所谓尊严问题。

熊 洁

2017 年 8 月

目　录

上　篇

下　篇

导论：思想的创新

在人类的历史长河中出现过许多思想，东方的、西方的、现代的……世界因此而改变，我们的生活也因此而丰富。思想是随着社会的变迁而不断地发展的，或兴衰，或更迭，都是人类社会多种力量综合作用的结果。没有哪一种思想学说可以适用于所有的时代和境况，今天我们已经进入了信息化时代，人们的物质文化生活都发生了许多改变，比以往更加需要新思想新理论的指导。一个深刻思想的诞生可能是曲折艰难的，本章针对当前思想形成领域中的几个问题进行研究，探讨新时代进行思想创新的必要性和使命感，探索思想创新过程中可能存在的问题和科学的检验方法，以期在后续章节中以此为基础对社会信息化和法治化建设进行研究。

第一节　思想的意义

距今 500 万年左右，非洲的几只南猿想下地行走并将之付诸实施，这使得它们与其他猿类有了本质的区别，它们成了人类的始祖。600 年前明朝的士大夫万户把 47 个自制的火箭绑在椅子上设想利用火箭的推力飞上天空，开启了人类利用载人火箭探索太空的新征程，公元 2016 年 11 月 18 日 13 时 59 分，神舟十一号载人飞船成功着陆为我国空间探索史上具有里程碑意义的 33 天征途画上了圆满的句号。思想伴随着人类诞生，又推动着人类不断进步，一个好的思想犹如一颗人类文明的种子，播撒下去细心呵护，迟早有一天会长成参天大树为我们遮风挡雨。孔子、柏拉图、哥白尼、达尔文……这些熠熠生辉的名字和他们的思想深刻地、长久地影响着我们，使得社会政治、经济、文化甚至结构都发生了深刻的变化。今天人类进入了高度发达的现代社会，各种新的社会问题层出不穷，依然需要各种理论、学说来帮助我们寻找解决之道。不同的钥匙开不同的锁，社会更新了，思想也要更新。笔者认为那些优秀的思想、理论大多有着强烈的时代烙印并在实践中不断完善，最终以实现人类的幸福生活为追求，这也正是其生命力和意义之所在，今天我们构建自己的理论、学说解决面临的社会问题依然要秉承这一理念，勇立潮头，开拓进取。

第二节　思想发展要与时俱进

人类在各种思想的指导下进行着种种社会生活，各种各样的理论学说丰富着我们的实践，今天我们能够坐在窗明几净的房间里享受着现代的文明生活应该感谢无数先辈为此所做的努力。在人类的历史长河里我们经历了奴隶社会、封建社会、资本主义社会和社会主义社会，出现了各种理论学说，儒家思想、道家思想、唯心主义、唯物主义等，这是包括孔子、孟子、柏拉图、哥白尼、康德、黑格尔等许多先行者为我们披荆斩棘的结果，正是因为他们的思想学说在无声地指导着我们，人类才能克服一个个不同历史时期的难题，阔步至今。今天我们依然要继续前人的工作，进行各种理论研究，激发新的思想以使未来的路走得更稳更远，那么在现有优秀思想灿若繁星的情况下我们为什么还要寻找新的思想呢？笔者认为，首先要搞清楚几个问题：各种理论、学说从它诞生之初是否就一成不变了？同一种理论是否适合所有国家，适用于所有情况？明确这几点对于我们确立正确的研究导向十分重要。

一、思想沿着历史前进

各种理论、学说从它诞生之初及至今日是否一成不变呢？翻开东西方思想发展史，我们会发现，它和社会发展史是紧密相连的。

我国春秋战国时期随着生产力的发展，奴隶制度开始衰退，封建制度出现萌芽，整个社会发生了巨大的变动，旧的思想观念被打破，需要在理论上进行重新认识，各国的政治变革和相互竞争也需要理论指导，这个时期思想学说空前繁荣，形成了以儒、墨、道、法为代表的百家争鸣之盛况。中世纪晚期的欧洲随着生产力的发展产生了新兴的资产阶级，他们一方面要反抗天主教的神权地位和精神压迫，另一方面希望找到更适合时代要求、人性要求的文化体系取代天主教文化，掀起了以复兴希腊罗马古典文化为名弘扬资产阶级思想和文化的运动（文艺复兴运动），诞生了以但丁、莎士比亚、达·芬奇为代表的诸多文艺巨匠和一大批优秀的作品，带来了科学、艺术的极大发展，揭开了近代欧洲历史的序幕。经济基础决定上层建筑，上层建筑反作用于经济基础这一深刻的理论被历史反复验证：当社会变化较小时，作为上层建筑的思想学说发展趋于缓和；当社会发生巨大变革时，思想学说也获得了空前的发展。

现实社会是思想生存的土壤和发展的真正推动力，社会发展的方向左右着思想发展的方向，那些率先嗅到社会变革气息的人往往成为改革的排头兵、思想的先行者，他们提出时代需求的新理论、新思想。今天我们所看到的儒家思想、西方哲学等理论、学说与它们最初的样子相比，已经有了很大发展，它们已经被历史所丰富、所拓展。社会的发展永不停歇，思想的发展必将永不止步，那些因为社会发展而产生的层出不穷的新问题，也只有循着时代的脚步不停探索才有可能找到解决的良方。

二、思想的适用

那么同一种理论是否适合所有的国家，适用于所有状况呢？答案是否定的。下面以西方的经典学说三权分立为例进行分析。

1. 宪法与三权分立

我们知道宪法是一个国家的根本大法，它规定了国家最根本、最重要的问题，如国家的性质、国家的政权组织形式和国家的结构形式、国家的基本国策、公民的基本权利和义务、国家机构的组织及其职权等。宪法的基本原则是人们在制定和实施宪法过程中必须遵循的最基本的准则，包括：①人民主权原则；②基本人权原则；③权力制约原则；④法治原则。权力制约原则在社会主义国家宪法中体现为监督原则，即在人民代表和国家机关及其工作人员的关系方面，一般都规定人民代表（议员）由民主选举产生，对人民负责，受人民监督，人民对国家机关及其工作人员都可以提出批评、意见和建议等。另外在不同国家机关之间的关系上一般都规定了有关监督方面的内容。权力制约原则在资本主义国家宪法中体现为三权分立原则，又称分权制衡原则，指把国家权力分为几个不同的部分，分别由不同的国家机关独立行使，这些国家机关在行使权力的过程中保持相互牵制和相互平衡的关系。从现有资本主义国家的宪法规定看，三权分立主要为三种基本形式：①美国式，立法权属于由参众两院组成的国会，行政权属于美利坚合众国总统，司法权属于联邦法院及其下级法院。②英国式，立法权胜过行政权，下议院胜过上议院，立法权是三权的重点并建立以议会为重心的责任制。③法国式，既吸取了总统制的特点，又借鉴了议会制的特点，通过加强总统的权力削弱议会的权力，从而把分权制的权力重心由立法转移到行政并建立起半总统半议会制的体制。

2. 三权分立思想的形成

三权分立应该说是一种关于西方国家政权架构和权力资源配置的政治学说，在此理论基础上形成的三权分立制度将国家的立法、行政、司法三权分别由三个机关独立行使，相互制衡，它为绝大多数的资本主义国家所采用，是资本主义国家的国家机关组织与活动的基本制度。这一理论首先由古希腊时期的亚里士多德提出，他的"政体三要素"论将国家职能分为议事、行政和审判三个方面，此为分权。古罗马时期的波里比亚斯继承并发扬了这一思想，他认为维护政体的平衡可以通过国家将这三种权力在分工的基础上进行互相牵制来实现。为了制约封建王权，17世纪英国的洛克提出将三权分立作为资产阶级国家的学说，他把政治权力分为立法、执行和外交三个方面。17世纪末和18世纪前叶，法国的孟德斯鸠在此基础上正式而明确地提出了立法、行政和司法三权分立的理论学说，主张立法权由全体人民行使，行政权由国王行使，司法权由法院行使。

3. 三权分立思想不具有普适性

沿着三权分立学说形成的历史轨迹，我们可以看到该学说萌芽于公元前300多年的奴隶社会，主要是为了维护中等奴隶主的利益，形成于18世纪初的封建社会，以制约王权、神权，维护新兴资产阶级的利益为目的。生产力低下、等级制度森严、民不聊生是它们共同的时代特征，反剥削、反压迫成为绝大多数人共同的诉求。三权分立通过分权的方式实现权力制衡，从而达到对王权、神权的监督，为推翻封建社会建立资本主义国家奠定了理论基础，但是我们也应该看到当"君权神授"被推翻以后，分权制衡成为资本家和政客相互攻伐、争权夺利的工具，有时甚至会给民众带来不利的后果。

2016年6月24日，英国通过全民公投，宣布退出欧盟，英镑兑美元汇率闪电崩盘，跌幅超过1000个基点，触及1985年以来的最低水平，英国首相卡梅伦辞职。同年12月5日，意大利总理伦齐在公投结束后宣布宪改失败，并提出辞职，全球市场震荡，欧元兑美元一度跌至2015年3月以来的最低点。这些震惊全球的"黑天鹅"事件使得当事国公民面对更加不利的国内外环境，这是他们想通过投票改善现状前所不曾预料、不愿承担的后果。

为什么以监督权力为要旨的三权分立会出现这样的状况呢？在此分析一下三权分立形成的时代背景。公元前300多年的古希腊只是一个城邦林立、各自为政的地区，城邦一般是以一座城市为中心、连带周边乡村地区而形成的独立国家，小国寡民为其基本特征。它们的国土面积一般只有百余平方公里、人口数万，最大的城邦也只有8000多平方公里国土、数十万人口，而占大多数人口的奴隶、妇女和外国人没有任何政治权利，例如雅典的公民大会，虽然 20 岁以上的男性公民都可以参加，但实际规模是 500人。18 世纪初的法国仍是封建专制的农业国家，全国绝大部分的土地集中在以国王为首的贵族和僧侣手中，占全国人口 95%以上的农民基本上是佃农。全国尚没有统一的货币和度量衡制度，行政区域之间关卡林立，虽然在发达地区出现了大量的手工作坊，但仍处于生产力低下、社会结构单一的状态，城市人口较少，公共事务较为简单且与公民个人联系也较为直接，公民可以较容易地理解公共政策并做出符合自己利益的选择，在此基础上形成的三权分立思想且以直接民主的方式对神权、王权进行监督和制约是简便、易行且有效的。现在我们的社会已经进入高度发达的信息时代，各种新技术、新业态层出不穷，人口数量、城市规模、国家体量飞速扩张，地区差距、个人差距不断加大但又彼此通过各种形式紧密相连，社会结构、利益群体、公民诉求不断向多元化发展，社会问题的复杂性、治理的难度远非亚里士多德和孟德斯鸠的时代可以比拟，社会生活的复杂多变也远非那个时代的人可以想象，三权分立是不是解决现行社会所有问题的最优方案还要打个问号。

我们承认并努力确保人的权力是平等的，但是我们还要看到由于学习、工作和生活的经历不同，人的能力又是不平等的，当人面对自己不了解又似乎没有直接联系的事物时未必能做出理智的选择，很难想象一个刚满18 岁、一直生活在象牙塔里的英国中学生怎么能理解国家退出欧盟所涉及的国内外政治、经济、军事等方方面面的问题，从而做出正确的选择。他更多的是通过掌握了话语权的资本家和政客从自身利益所出发的片面描述而投下看似神圣、独立实则被无形操纵的一票。

同时，三权分立的理论也是建立在每一个参与者都是理性人，持有公平、公正、认真、负责态度的理想状态上的。现实状况果真如此吗？在2000 多年前的古希腊伯罗奔尼撒战争中，尽管多数公民并不知道西西里的情况，但是雅典公民大会还是做出了入侵西西里的灾难性的决定。这场战争成为希腊历史的转折点，不仅结束了雅典的霸权，而且使整个希腊奴隶制城邦制度逐渐退出了历史舞台，由此斯巴达称霸全希腊，推行寡头政治。2000多年后的美国，3岁男童罗伯特·塔夫斯因当选为美国明尼苏达州多赛特市市长令世人感到震惊——三权分立理论诞生的历史条件导致它存在民主决策程序的简单、缺乏制约的先天不足，在一定的客观条件下这种不足会被放大从而造成民主政治的混乱。2015年7月5日，深陷债务"愁云"的希腊人通过全名公投否决了国际债权人的新一轮救助提议，国家面临破产的边缘。这与前述英国、意大利的公投一样都不是孤立的个案，近几年在欧美多国民粹主义假借民主的旗号粉墨登场，而且愈演愈烈，社会分裂严重，政党林立，政策更迭频繁，看似强大的欧盟一次次面临被肢解的危险，而现有机制似乎束手无策。

时代导致的缺陷也必将由时代去弥补，三权分立理论从产生之初就随着时代的变迁而不断发展、完善，即便是作为西方资本主义国家的基本政治制度在各国的表现形式也不尽相同，如美国的总统制、英国的内阁制、法国的半总统半议会制，对此我们可以理解为各国依据本国历史和现状将三权分立理论本土化，笔者认为在社会政治、经济、文化都高度发达的今天，该理论还有许多可以丰富、探讨的空间，从而使之更加适应时代的发展。

那么，我们中国是否适用三权分立的理论呢？答案也是否定的。首先，该理论萌芽于奴隶社会，形成于封建社会，主要任务是反对封建王权和神权，建立资本主义国家。而我们国家已经完成了反封建反压迫的任务，建立了社会主义国家，现在社会的主要矛盾是人民日益增长的美好生活需要同不平衡不充分的发展之间的矛盾，总任务是实现社会主义现代化和中华民族伟大复兴。而且我国的国土面积是法国的14倍、德国的26倍，比整个欧盟的2倍还要多，13亿多人口，56个民族，横跨温带、亚热带和热带，地区发展不平衡，公民的个人能力和诉求差异较大，缺乏适用该理论的客观条件。其次，三权分立并非包治百病的灵丹妙药。在信息、技术大爆炸的今天，现有三权分立理论的先天不足不断凸显，其适用范围、程度、方式、方法和效果还有待实践进一步检验。最后，我国实行的是中国共产党领导下的人民民主专政制度，优点是能集中力量办大事，缺点是自我监督导致监督力度不足。从实践效果来看，我国的文化、政治、经济都取得了飞跃式发展，经济增速长期稳定在 6.5% 以上，在全球主要经济体中名列前茅，人民生活普遍改善，国家由中华人民共和国成立前贫穷积弱的飘摇之态发展为现如今政局稳定、经济高速发展、外交活跃的鼎盛局面。实践证明在我国当前的这种制度下成绩是主要的，不足是次要的，而且国家和政府已经充分认识到了监督工作的重要性，在人大监督、司法监督等现有体制下采取了信息公开、设立监察部、巡视组、巡回法庭等多种方式因地制宜进行改革，这些改革措施已经取得了显著的成效。自古条条大路通罗马，三权分立并不是唯一有效的监督手段，随着改革实践和理论研究的不断深入，我们必能找到适合自己的发展道路。

我们常说研究问题、理论要结合本国国情，这仿佛是一句老生常谈，但也是一句正确无比的话。真理是有局限性的，在一定的范围内它是真理，超过了这个范围就变成了谬误，这个范围就是与真理紧密联系的实际情况。事实上任何一个国家在适用各种思想、理论时都在力求与本国的现实情况相结合，否则很难得出正确的结果。时代在不停发展，社会在不停地变革，思想也要不断地更新，因此我们永远不能停下创新的脚步。

第三节　理论结合实践进行思想创新

一、思想的形成

(一) 什么是思想

思想，又可以叫作观念，属于认知的范畴，它是人类一切行为的基础。一个人的思想从本质上说取决于他所存在的客观物质世界，因此思想是客观存在反映在人的意识中经过思维活动而产生的结果。当一系列的信息被采集进入我们的大脑，经过整理、汇总、分析、判断等过程得出一个结论，这个结论可以用来指导我们的生活。正如毛泽东在《人的正确思想是从哪里来的?》一文中指出："无数客观外界的现象通过人的眼、耳、鼻、舌、身这五个官能反映到自己的头脑中来，开始是感性认识。这种感性认识的材料积累多了，就会产生一个飞跃，变成了理性认识，这就是思想。"

人与动物最本质的区别就是人具备思想能力，能够通过调整自身的行为来适应大自然的生存环境（当然一些高级动物也具有思想的能力，如大猩猩、海狸、狗），当外界环境发生变化时引起人形体本能变化的是意识，而引起人行为变化的是思想。例如，当我们喝到一杯很烫的水的时候，让我们本能地不假思索地吐掉的是意识，而当我们先想一想决定吹凉了再喝水就是思想的结果。思想是对客观事物的主观认识，具备思想能力的主体的广泛性使得形成的思想五花八门、丰富异常：兀鹰把骨头从半空中投向地面吃摔碎的骨头渣，大猩猩用木棍从树洞中掏出蚂蚁享用，幼童向母亲乞求食物，莫扎特撰写圆舞曲，人类设计宇宙飞船遨游太空等。这些都是思想行为的表现。

（二）一个深刻思想的形成

思想是如此的广泛，又是如此的庞杂，人类为了自身发展往往会对那些与自己生活有联系的思想进行总结与归纳，而这些思想有些会被淘汰，有些因此得到了很好的发展并为人类所用。一个深刻的思想会对我们的生活产生巨大而深远的影响，但是它的形成可能是一个漫长艰辛的过程，这与当时的物质水平有关，也与受物质水平限制的人类的认知能力有关，地心说和日心说的产生就是一个很好的例子。

地心说，又名天动说，形成体系化的理论大约是在公元 2 世纪，这是世界上第一个行星体系模型。地心说认为地球是宇宙的中心，它是静止不动的，而其他的星球都环绕着地球运行，人类居住在半球形的宇宙中心，从公元 13 世纪直至公元 17 世纪，天主教教会一直将其推崇为公认的世界观。大约在公元前 6 世纪的米利都学派被誉为是西方哲学的开创者，他们试图用观测到的事实来解释世界，所提出的思想排除了当时神造世界的迷信，开创了理性思维的模式，该学派形成了地心说的初步理念。公元前 400 年希腊天文学家、数学家欧多克斯通过天文观测第一个提出建立宇宙的几何模型，亚里士多德对其成果进一步完善，公元 90 年至公元 168 年希腊晚期的数学家、天文学家托勒密根据当时的动力学原理否定了地球处于运动中的思想，最终形成了地心说。应该说地心说在其理论建立的过程中，从始至终都是使用数学工具去进行研究和证明，这一理论尽管现在被认为是错误的，但是它绝不是胡思乱想、主观臆断的结果，它经过了精确严密的论证，开创了构建精确性理论的先河，在 16 世纪日心说创立之前长达1300多年的时间里，它一直占据着统治地位是有着在当时客观条件下相当充分的理论依据的。

地心说之所以能够在当时被各阶层人士普遍接受，与当时人们对客观世界的认知水平是分不开的。我们知道地心说理论的萌芽和形成主要是在古希腊时期，当时的科学研究还是以观测为主，天文学方面虽然能算出日食和月食，也知道月亮反射太阳光，但尚未形成统一的历法，当时的科技水平非常低下，缺乏足够的宇宙观测数据，在这种认知水平的基础上，"地球是运动的"这个观点很难被人们接受，人们客观的感受是大地坚实不动，而太阳、月亮每天升起又落下，而地心说体系与当时的观测数据可以很好地吻合，这使得他们认为地球是宇宙的中心。即使在1543年波兰天文学家哥白尼发表了《天体运行论》，明确提出了日心说，建立了完整的日心说宇宙模型，此后的半个多世纪里该学说仍然是支持者寥寥无几。1492年，意大利航海家哥伦布发现了美洲新大陆，1519—1521年葡萄牙航海家麦哲伦率领船队完成了环地球航行，人们开始真正认识地球，地球是圆形这一理论得到证明。在《天体运行论》发表的60年后伽利略发明了天文望远镜，通过数学逻辑一定程度上证明了哥白尼的正确，自此日心说才开始引起人们的注意。今天日心说已经成为一个常识性的理论，其重要意义已经广为认知，它从根本上否定了基督教关于上帝创造一切的谬论，使得当时人们的整个世界观因此发生了重大变化，这一学说对伽利略和开普勒等后来学者的研究产生了重大影响，哥白尼由此被认为是近代自然科学的奠基人。

今天日心说已经普遍为世人所接受，成为一种生活常识，以此为基础的天文学理论得到了长足的发展，我们无须惊讶在世界历史上怎么会出现地心说，而且这种学说还"统治"了欧洲长达1600多年——因为一个理论的产生、发展、繁荣不仅与当时社会物质水平的现实条件密不可分，社会发展自身的需要也成为一个有力的推手。一切的偶然当中都有必然，地心说的整个诞生过程应该说是严谨的，是当时先进技术的产物，由多位学者进行了长期的观测和科学论证，依照当时的技术条件、理论水平和人们的认知能力只能得出这个结论。地心说与天主教中关于上帝创造世界和人类、人类处于世界中心的说法刚好相吻合，因此为教会所竭力推崇并被当时的世人普遍接受。地心说的理论对于教会建立以教皇为中心的中央集权的教会统治体制提供了有力的理论依据，欧洲许多国家建立了政教合一的政治制度。应该说在地心说的广泛普及过程中，教会起了极大的作用，而后日心说的理论一出现就遭到了教皇的猛烈打击，因为日心说对地心说的否定使得教会在西欧各国建立的一整套与各国行政体系并行的教阶体制缺乏理论基础，动摇了教会的统治。真理终究会战胜谬误，公元16世纪至17世纪的欧洲在多重因素作用下爆发了宗教改革，这与日心说的解禁时间不谋而合，天主教的精神垄断和神权封锁被打破，教会在各国的政治、经济特权及大量财产被剥夺，各国政治、经济、文化也得到了极大的发展。

在日心说与地心说这两种理论的兴衰更替中，我们可以看到社会的发展起了很大作用，事实上据史料记载，历史上首次提出日心说的是古希腊时期最伟大的天文学家、数学家阿利斯塔克（公元前310年至公元前230年），但是因为这种理论远远走在时代的前面，当时的技术无法证实，而且它与人们的直观感受也不一致，所以并未得到发展和认可。当时人类技术水平和认知能力都比较低下，对于大自然中的很多现象无法用科学解释，只能认为是有另外一种神秘的力量在控制着，很多现象都归结于鬼神的作用，导致产生了许多这方面的理论，宗教势力因此应运而生并且推动了这些理论的发展。这种现象在欧洲、亚洲、非洲都普遍出现，现在在一些科学技术非常落后的地区宗教依然参与社会管理，例如在非洲有些地区人们寻医问药、婚丧嫁娶都向巫师求助。社会经过了1600多年的发展，社会物质财富极大积累，建立在此基础上的科学技术也有了极大的发展，一些以前认为是鬼神力量导致的现象也有了相对科学的解释，日心说的产生具备了社会条件，虽然在其诞生之初经历了残酷的斗争（意大利哲学家布鲁诺等为之献身），但是从历史的角度看其发展势头是迅速的，作用是巨大的，1700多年前阿利斯塔克的理论被时代所抛弃，时隔1700多年后他的理论被时代（哥白尼）所证实散发出灿烂的光芒。

思想是对客观事物的主观认识，思想火花可能随时都在迸发，在我们的生活中随处可见。有些思想的形成可能很迅速、很便捷，一刹那就产生了，它们每天都在指导着我们的生活。而有些思想的形成可能很艰辛、很漫长，这与当时人们所处社会的物质生活水平及建立在此基础之上的科学技术水平、人们的认知水平都密切相关。一个深刻的思想影响的可能不只是你、我，整个社会的政治、经济、文化都会随之改变，而人们对于世界的认知却是在不断地变化发展的，对于同样的理论处于不同的认知阶段人们会有不同的评价，有时候还会反复，即使是被无数科学家论证了的日心说依然存在瑕疵（如太阳并非宇宙中心，在现有的技术条件下我们只能判断出地心说在太阳系是错误的，但是它是否适用于宇宙还无法证明）。一个思想的形成与社会综合发展水平密不可分，社会是不断发展的，因此对于理论研究我们要始终抱着科学严谨的态度，抱有一颗求真务实、百折不挠的初心，时刻关注新技术、新理论、新现象的出现，也许有一天现实会再一次颠覆我们的认知，也只有这样才能真正形成为时代所需要所认可的思想。

二、思想形成中的两个问题

一个深刻的思想的形成往往并不是一帆风顺的，它要不断地吸收新的养分，不断地被现实拷打、诘问。我们常说"书山有路勤为径，学海无涯苦作舟"，其实一个思想的形成有时也是如此。一个深刻的思想有时会产生改天换地的效果，在它诞生之初也许很难被当时的社会所接受。在这个新旧不断磨合碰撞的过程中，为了证明理论的正确性，人们采取了很多论证方法，其中有些人会采取"从旧从外"的方法，即用前人或者外国人的思想来直接证明自己思想的正确性，笔者以为这是不妥的。一个好的思想应该具有很强的逻辑性，如果它是正确的，那只能是通过客观的逻辑推理或演算证明它的正确性，真理来自客观推演，而不是主观判断。

（一）"从旧"

借鉴前人的成果为己用，我国古已有之，这也是思想积累和思想发展的一种重要方式。例如，在我国的文字作品创作中就有一种很常用的修辞手法"用典"，即在自己的文章中引用古籍里的故事或词句，借以含蓄而丰富地表达自己想要表达的思想和内容。

南北朝时期文学理论家、文学批评家刘勰在其所著的《文心雕龙》中是这样描述"用典"的：据事以类义，援古以证今。今天我们从古时候流传下来的各种诗词歌赋都可以见到这种修辞手法。例如，南宋的爱国诗人陆游在他的《邻水延福寺早行》一诗中写道："化蝶方酣枕，闻鸡又著鞭；乱山徐吐日，积水远生烟；淹泊真衰矣，登临独惘然；桃花应笑客，无酒到愁边。"诗中的"化蝶"一词出自《庄子·齐物论》的典故："昔日庄周梦为胡蝶，栩栩然胡蝶也，自喻适志与！不知周也。俄然觉，则蘧蘧然周也。不知周之梦为胡蝶与！胡蝶之梦为周与？"后来人们便借用"化蝶"或"梦蝶"比喻"睡觉"。

千百年来的写作手法流传至今，出现了许多晦涩的诗句，但是也产生了一些佳作，对于能够熟练地"用典"寓意许多人还是很自诩的，这种写作手法间接地成为作者学识渊博的证明，作者和读者双方对这种写作手法也普遍比较推崇，能不能"用典"，能不能更多"用典"渐渐地成为判断文章优劣和作者水平高低的一个标准。今天我们很多人做学问也不知不觉、自然而然地沿用了这种"用典"的手法。当我们提出一种新理论的时候，为了证明这种理论的正确性往往引用古人的言论、思想来进行证明，其结果就如古人作诗一般，引用得当能起到四两拨千斤的效果，引用不当可能导致其意晦涩难懂，又或者是喧宾夺主。笔者以为导致这两种不同结果的原因就是对于前人思想引用的"度"的不同。

我们知道思想是丰富而庞杂的，其形成可能只是瞬间灵光一闪，也可能经过了长期的深思熟虑，而我们对于提出的每一个理论都必须经过严格的论证才能下结论，不论是数理化还是史地生都是如此。严谨、科学的论证对于一个理论的成立必不可少，其中引用前人的定理、公式、理论、学说是一种非常常见的论证方式，科学利用前人成果会简化很多不必要的重复论证，在成功的引用中前人的思想只是证明的一部分，而糟糕的引用则将前人的思想当作了证明的全部，即古人提出的 A 是正确的，所以现在提出的 B 也是正确的，又或者因为古人认为 A 是错误的，所以现在提出的 B 也是错误的，笔者认为从古人的 A 到现在的 B 之间应该还需要进行确实的论证以厘清两者之间的逻辑关系，绝不能直接画等号。如果我们将这种论证方式极端化就会产生一种荒唐的现象：如果现在的 B 能用古人的 A 来证明，那么它就必然是正确的；如果现在的 B 没有或者不能用古人的 A 来证明，那么它就必然是错误的。我们不知不觉犯了一个教条主义的错误，众所周知客观世界是不断变化发展的，古人的 A 和现在的 B 可能产生于两个完全不同的社会背景之下，忽略两者之间的差距而将其直接画等号可能会得出错误的结论，这应该说是古人给我们的思想戴上了一个古董级"镣铐"。

感谢人类历史上无数的先驱为我们创造了灿烂的文化和丰富的思想，我们能有今天的成就是因为我们站在了巨人的肩膀上，利用前人的成果丰富现实的生活也是人类进步发展的重要方式。我们提倡以古比今，以古证今，但还应该时刻牢记"古"不等于"今"，如果我们采取这种方式来形成思想、评判思想会导致思想僵化和思想的发展停滞不前，如果现在世界上的任何事情都必须以前人的思想为准绳来进行评判的话，整个社会将难以进步。

(二) "从外"

我们常常说科学无国界、艺术无国界等诸如此类的话，无论政治社会如何分分合合，世界各国如何合纵抗衡，思想总是以科学、技术、文艺、诗歌、法律、宗教等多种形式在人类社会彼此流传、相互影响。

中国在历史上就是一个思想的产出大国和输出大国：中国的《诗经》《春秋》《论语》《本草纲目》在世界各国广为流传；韩国和日本以中国文字为基础，在汉字偏旁部首的基础上发明了本国文字；东南亚的很多国家也过中秋节、乞巧节；《孙子兵法》是美国哈佛商学院的必修课，西点军校也将其作为重要参考读物……我们的邻居日本在公元646年，由孝德天皇颁布《改新之诏》，正式实行大化改新。大化改新与明治维新并称为日本历史上的两次重要变革，而大化改新是以学习和模仿我国唐朝政治、经济制度为主要内容的自上而下的改革。在大化改新中，日本废除了大贵族垄断政权的体制，学习中国唐朝律令制度，形成了在当时颇为先进的管理体制，整个社会开始从奴隶社会向封建社会转变，成立了中央集权制国家并正式改国名大和为日本国，日本的京都（今天的奈良）就是按照当时中国首都长安的布局设计的，这两个城市在地理位置的选择、城市整体布局、寺院建筑风格、街道绿化和池塘园林等方面都非常相似。

历史上的中国对世界的思想输出应该说是政治、经济、文化全方位的，但是1840年的鸦片战争使我国逐步变为了一个思想上的进口国。中国的大门被英国的大炮打开，国家改变了以前闭关锁国的状态开始关注外面的世界。中国兴起了向西方学习的思潮，部分人士提出了"师夷长技以制夷"的口号，国内开始逐渐出现洋火、洋蜡、洋油、洋布、洋枪、洋炮，甚至从西方全套引进了北洋水师，还有试图引进西方制度的百日维新和辛亥革命，共产党宣言和资本论也是由此从欧洲传入的。中华人民共和国成立后我们借鉴苏联，改革开放后我们借鉴全世界，我国引入了许多外国的专家学者，先进的技术和理念缩短了我们摸索的进程，善于学习借鉴帮助我们在较短的时间内就建立起自己的经济体系，政治、文化也相应地发生了改变。法学的发展史就是非常典型的例子：法治化和宪政的理念最早也是来源于欧洲。我国虽然在春秋战国时期就有了法家思想，几千年来法一直以各种形式在社会管理中起着重要作用，但是由于我国的封建制度发展非常完备，基于封建小农经济的各种理论和实践非常丰富、成熟，封建统治阶级的力量也非常顽固和强大，对资产阶级的反扑非常猛烈。其实在我国宋朝手工业就已经比较发达，明清两代更是发展迅猛，但是面对强大的处于绝对统治地位的封建统治阶级，资产阶级始终无法在政治上占据主导地位，由资产阶级基于自身发展需要所提出的法治和宪政理念也就无法在当时的中国生根发芽，理论上自然也难以有所创新，很长时间都是照搬外国的理论，几乎是言必格劳秀斯，书必费尔巴哈。中华人民共和国成立以后，虽然我们也在发展自己的法学，但是由于起步较晚，学术研究上也比较被动。

借鉴外来的先进思想是一个非常好的学习方法，人从生下来就是在不停地学习，如果没有对外来事物的学习，人可能不会很好地长大，但是如果只有借鉴而没有自己独立的思考，人永远不可能真正地长大。事实上并非所有对外来事物的学习都有好的成果，照搬外国的制度、理念在我国"水土不服"的现象从百日维新、辛亥革命、中国工农红军被迫二万五千里长征及至改革开放的今天屡见不鲜。

借鉴是为了创新，单纯地为借鉴而借鉴反而违背了学习的本意。由于我国成立初期底子较薄，各方面都比较落后，各行各业为了加速发展都或多或少地对发达国家进行了借鉴学习，效果也很明显，这使得我们潜意识中形成了一个观念，似乎只要是外国的东西就是好的，只要是外国的思想就是正确的——这是一种新教条主义。在这种思想下我们形成了一种奇怪的判断标准：国内提出了一种观点 A，外国有相关观念 B，如果 A 能被 B 证实或与之相同，则 A 是正确的；如果 A 不能被 B 证实或不能与之相同，那么 A 就是错误的。世界上没有两片相同的树叶，人也不能两次走进同一条河流，世界各国的现实条件不同，历史条件不一，如果用这种标准来评判中国产生的新事物、诞生的新思想，只能说是让外国人给我们的创新戴上了一个进口的"镣铐"。

一件事如果是对的，是因为它本来就是对的，而不是因为其他的什么原因，就像 1 加 1 等于 2 是因为 1 加 1 本来就等于 2，而不是因为有了牛顿、达尔文、拉格朗日或者其他什么人的认可才使得 1 加 1 等于 2。当然，如果有了牛顿、达尔文、拉格朗日这些伟大学者的认可会大大缩短我们认识的时间，帮助我们在前进的道路上走得更快更好。

同样，真理之所以成为真理，是因为它本身就是真理，而不是因为其他，就像地球绕着太阳转是因为在宇宙多种力量的作用下地球本来就绕着太阳转，而不是因为哥白尼发表了《天体运行论》之后地球才开始绕着太阳转。对于真理，人类只能发现它、揭示它、认识它和利用它，而不能仅仅凭借某一个人的个人意愿去肯定它或者否定它，否则我们将犯下无数个错误。只有通过对客观世界的认真观察、深入研究，才能形成真正深刻的思想，今天我们探寻符合时代要求的思想也要秉承这一理念，打碎思想的"镣铐"，勇于探索、大胆创新，培育出适合我们自己的思想和大师。

三、实践是检验真理的唯一标准

人类的任何思想都是从自己现有的认知格式中诞生出来的，形成一个好的深刻的思想不仅要有正确的导向、恰当的方法，还需要科学的检验手段。就如同数学中的每一个公式都是经历并仍将经历无数次的演算与考验才能被付诸应用，物理学中的每一个定理都要经过并仍将经历实验的验证才能被确认，真理只有经过检验才能让人信服。也许有人会说，思想是大脑里的一种想法，它是自由的，是无边无际的，难道也需要检验吗？思想当然需要检验，尤其是用它指导我们的生活时。这个世界上每天都会发生很多事，然后我们会思考这件事这样做对不对，下一次该怎么做，小到个人的衣食住行，大到国家的政策法规莫不如是，这事实上就是一种检验。对现有事物进行评估判断并不断总结经验，巩固已有成果、改善未竟事宜，是人类自我完善、自我发展的主要方式，也是思想形成的必经途径。

时代在发展，人类社会总是不停地需要新的思想来指导我们前进，面对这多如繁星甚至互相矛盾的理论学说，我们该如何正确检验，如何判断取舍呢？

一个深刻思想的形成往往艰难曲折，而社会发展的呼唤又是如此地急切，有时候我们不知不觉就陷入教条主义，在理论检验上形成了一种"从旧从外"的模式：认为只要符合已有思想成果、能为已有理论所验证的就是正确的，只要是外来的理论就都是正确的，否则就是不正确的。这种检验方式确实使用方便、见效较快，现成的理论拿来就用，产生的争议也比较少，但是有时候萌发于本土的、符合我们这个时代的新思想、新理念却被我们在这种检验中无意识地给否决了。笔者认为这种现象产生的原因主要有两个：一个是源于我国社会建设起步较晚，相应的各项理论发展也比较滞后，在很多领域确实还处于跟学阶段，社会实践也还不够充分，一些领域尚未形成自己的话语体系，沿用前人的或外国的标准是不得已而为之。另一个是因为我们内心的不自信，前人的思想穿越千年成为一座座巍峨的山，如父如母般，我们不敢去怀疑它是否适用；八国联军尚未走远，落后、挨打、技不如人还历历在目，我们不敢相信外来的理论会不先进、不适用，甚至是不正确。事实上来自前人和国外的思想在它们所处的那个时代和地域可能本身也还存在很多争议。

我国的儒家思想在孔子之后又衍生出了很多流派，仅战国时期比较有名的就有八个流派：孟氏之儒、子张之儒、子思之儒、孙氏之儒、颜氏之儒、仲良氏之儒、漆雕氏之儒、乐正氏之儒。汉武帝时推行"罢黜百家，独尊儒术"，事实上这个时期的儒家思想已经在之前的几百年中经过了董仲舒等许多人的丰富与革新，它与孔子所提倡的儒家思想相比已经有了很大不同。儒家思想得到政府加持后飞速发展，千百年来又产生了许多流派，历史上比较著名的有：两汉董仲舒、刘歆的今古文经学和谶纬之学；魏晋王弼、何晏的玄学；唐代韩愈的儒家"道统"说；宋明程朱派、陆王派的理学；清代的汉学、宋学之争。这些流派不仅各有分支而且彼此之间的观点很不相同，但又都认为自己代表的是孔子的儒家思想。反观外国，它们的思想发展也同样如此。例如，从研究方法的角度可以将西方法学分为实证主义法学和非实证主义法学，其中非实证主义法学又可划分为自然法学和哲理法学，而自然法学又分为早期自然法学、中世纪基督教神学的自然法学、古典自然法学、新自然法学等流派，欧洲的刑法仅启蒙时期的代表人物就有格劳秀斯、霍布斯、洛克、孟德斯鸠、伏尔泰、卢梭等多位学者，他们彼此的观点并不一致，有些还互相矛盾。因此我们在借鉴前人和外来的思想成果用来检验我们自己的思想、理论时，不能唯古是举、唯外是举，要结合检验与被检验物的客观实际对这些思想进行分析研判，合适的就采用，不合适的就不采用。

那么面对这多如繁星甚至互相矛盾的理论学说我们该如何判断取舍呢？当没有合适的前人或外来的思想、理论可以借鉴时，我们又该采取什么样的检验标准呢？……这些问题其实可以汇总为两点：思想的自信从哪里来？科学的检验手段到底是什么？

1978 年《光明日报》刊发的《实践是检验真理的唯一标准》引发了一场关于真理标准问题的大讨论，推动了全国性的马克思主义思想解放运动。这篇文章在今天仍然具有极强的现实意义——"理论所以重要，就是在于它来源于实践，又能正确指导实践，而理论到底是不是正确地指导了实践以及怎样才能正确地指导实践，一点儿也离不开实践的检验。""凡是科学的理论，都不会害怕实践的检验。相反，只有坚持实践是检验真理的唯一标准，才能够使伪科学、伪理论现出原形，从而捍卫真正的科学与理论。"真理需要实践来检验，正是经受了实践的检验，孔子、柏拉图、哥白尼、达尔文才对自己的理论那么自信，也正是通过不断地实践，才使这些理论不断地被发展、被丰富，纵贯千年终成巨擘。今天我们依然要坚持实践是检验真理的唯一标准，在科学研究、人才培养、创新发展等方方面面坚持实践检验的原则，经过实践检验是正确的、合适的我们就坚持，经过实践检验是错误的、不合适的我们就纠正，通过不断的实践在各行各业建立起更符合我国国情的检验细则，使检验的结果更加真实可靠且可用。笔者建议可以从制度层面加大理论与实践的对接，如坚持科技下乡政策，增加调研类项目的立项，扩展学术挂职、技术挂职的途径等，以多种形式助力学者深入基层，使得他们可以在实践中发现问题、解决问题，为理论发展打下坚实的基础。

伟大思想的诞生必然伴随着强烈的自信，孔子倡儒家一生颠沛流离不改其志，面对"真理"般存在的地心说哥白尼依旧坚持地球绕着太阳转，在没有现成理论、外来学说的验证，甚至是不被世人接受的情况下，他们依然坚信自己理论的正确性，历经百折千难终成一代大师名垂千古。钱学森曾经感叹现在的中国缺乏创新、缺乏大师，笔者认为这根源于我们缺乏自信，凡事人云亦云，又或者亦步亦趋，因而难以产生真正的大师。不论是在生活中还是在学习、工作中，我们都要保持一颗谦虚向上的心，但是谦虚不等于自鄙，思想的繁荣首先要挺起思想的脊梁，坚持道路自信、理论自信、制度自信、文化自信，相信我们也正走在通向光明幸福的大道上，相信在我们这块广袤的大地上也会有更加优秀的理论、先进的制度和繁荣的文化。

会当激水三千里，自信人生二百年，让我们把自己的工作、理想同社会实践结合起来，到社会生活中去探民情、解民忧，真正做到思想财富取之于民、用之于民，思想之花常开不败。

结　语

这是一个糟糕的时代，许多问题我们找不到现成的答案，牛顿没到过月球，柏拉图没见过"9·11"，孔老夫子也不会滴滴打车；这也是一个伟大的时代，社会飞速发展，新鲜事物层出不穷，人类需要更多的理论、学说来解决现实问题。这是挑战也是机遇，时代将赋予那些勇于面对现实需要、承担历史重任的人以更大的发展空间。

世界上任何一种文明的崛起都有着不屈的历史，都是无数先驱革故鼎新、砥砺奋进的结果。今天的中国有"神州"可上九天揽月，有"蛟龙"

可下四海捉鳖，在多个领域已经实现了弯道超车，许多问题、许多希望我们不曾有过，别人也不曾有过，丰腴的现实正是思想之花孕育的土壤，牢牢把握时代脉搏，挺起思想的脊梁，坚持道路自信、理论自信、制度自信、文化自信，坚持实践出真知，未来的岁月将有无限的可能。

上 篇

SHANGPIAN

第一章　新时代人权保护问题研究

生存和发展是人类永恒的主题，但是不同的地区、不同的人对于生存发展的要求是不一样的，这是我们制定各项法律法规、方针政策的动力和依据。保护人权是现实社会的要求，也是宪法的规定，我国的人权保护目前还不尽如人意，从制度设置到实际执行上还有一些待完善的空间。本章将以满足人类生存、发展的要求为出发点，以世界一体化、经济一体化为时代背景，从宪法的角度探讨我国在信息化和法治化建设过程中所面临的公民的人权保护问题。

第一节　研究人权保护问题的意义

庄子曰："日出而作，日入而息，逍遥于天地之间，而心意自得。"裴多菲说："生命诚可贵，爱情价更高。若为自由故，两者皆可抛。"——古今中外对于自由的理解有千万种，但是人们对于自由的追求不分地域、年龄、性别、肤色、民族、宗教，都是一样的。每个人都希望按照自己想要的方式生存于天地间，按照自己想要的方式获得最大的发展。然而愿望是无穷的，资源是有限的，人不可能因为自己的生存和发展而求取无限的自由。从遥远的隔山相望到眼前的接踵摩肩，从远古的刀耕火种到现在的全球信息化，人类的梦想在飞速扩张而自由的空间却在逐渐缩小，到了近现代随着社会竞争的加剧和国家的法治化进程，为了调和因竞争而带来的种种冲突，那些因其为人而应享有的自由作为人的基本权利在许多国家都被写入宪法成为人权，使之以法律的形式得以实现，以国家强制力获得保障。生存和发展是人类永恒的主题，在各种利益的碰撞中要想实现它，离不开人权这个课题。世界上没有两片完全相同的树叶，不同的人、组织和社会对于生存和发展的理解、要求也是不完全一样的，人权实现的方式可能也会不同，本章在此结合我国的实际情况就此问题进行探讨。

第二节　生存与发展是人类的基本要求

一、生存和发展是人类永恒的主题

"生存"，在《新华字典》中有四个解释：①活着；活下去。②指在世的人。③存在。④生活。"发展"，在《新华字典》中有两个解释：①事物由小到大、由简单到复杂、由低级到高级的变化。②扩大（组织、规模等）。——这两个词仿佛涵盖了人的一生，从呱呱坠地到健步如飞，从牙牙学语到口若悬河，从弱不禁风到改天换地……为了更好地生存和发展人们做了许多努力：以我国为例，为了解决粮食短缺问题从商朝开始逐步引进了小麦、水稻、玉米、甘薯、土豆等，在政治上历经了商鞅变法、胡服骑射、独尊儒术、辛亥革命、武昌起义等，世界上其他国家也大抵如此。人类为了生存和发展所做的种种努力几乎可以串联起整个社会发展史，应该说生存和发展是人类永恒的主题。

二、生存和发展的具体要求具有差异性

在我们坦然面对生存和发展这一问题时也应该看到由于世界各地资源环境不同，客观条件不一，历史发展水平不尽相同，不同时期不同地域的人们对于生存和发展的要求也是不一样的。

经济合作与发展组织在1976年对其成员国进行了一次大规模的调查，以此为基础提出了目前被广泛采用的国际贫困标准的概念，即以一个国家或地区社会中位收入或平均收入的50%作为这个国家或地区的贫困线。1990年世界银行将每人每年370美元（约合1天1美元）作为国际通用贫困标准，每人每年275美元（约合1天0.75美元）作为国际通用赤贫标准，美国一个两口之家在大陆相连的48个州和DC的贫困线标准2008年为14 000美元，2009年为14 570美元。越南农村贫困户标准2011—2015年为人均年收入480万越盾以下（人民币1511元）。南非2001年官方贫困线为一个5口之家每月1541南非兰特（286美元）。而我国2008年将绝对贫困线和低收入线统一为年人均收入低于1067元，2009年为1196元，2010年为1274元，2011年为2300元，大致相当于每天1美元。据2017年各地公布的数据显示我国各省、市的最低工资标准也各不相同：四川省有的市为1500元，广东深圳市为2130元，上海市为2300元，北京市为2000元，重庆市为1500元。可以想象全世界不同地区，甚至是中国境内不同的省、市的人们对于美好生活的要求可能都不一样。

当想到生存与发展时你想到了什么？非洲沙漠上的一杯清水还是北京地铁里啃过的那个汉堡包，又或者是曼哈顿米其林餐厅里的一顿美餐？是一头耕牛、一台电脑，还是一套自动化的生产线？我们已经拥有的和认知的使我们对这个世界的要求可能是各不相同的，进而产生不同的生存和发展的要求，当我们讨论基于为了满足人们生存和发展的需要而应当享有的基本人权时也绕不开这个现实，否则我们制定的法律、法规、政策可能会出现水土不服的现象，人权亦只会成为镜花水月、空中楼阁。

第三节　通过保护人权促进公民的生存与发展

一、生存发展要求人权保护

生存与发展简单地说可以概括为两层意思：一是有没有衣食住行；二是能不能有更好的衣食住行。的确总是有人过得浑浑噩噩，但是更多的人还是在为了美好的生活而不断奋斗，为了解决衣食住行人们要做许多努力，例如：努力学习知识技术，找一个好的工作，小心地维护自己的健康，购买各种各样的生活用品……凡此种种，我们彼此独立又互相关联，互相帮助又互相竞争，因为我们感受得到资源是有限的，生存发展的机遇却并不是无穷的。我们共同生活的地球总面积是 5.1 亿平方千米，其中陆地面积 1.49 亿平方千米，其余的都是海洋，它要养活全世界约 70.57 亿人口（美国人口调查局 2013 年 1 月 4 日统计数据）。中国大约陆地有 960 万平方千米，领海 470 万平方千米，要养活 13 亿多人口（2013 年），竞争不可避免，矛盾冲突也不可避免，所以我们有时候会看到这样的新闻：年轻的女白领长期加班积劳成疾后被公司强迫离职，贫困地区的孩子尤其是女孩子辍学打工，十几岁的未成年人在亲属的安排下结婚，某些地区或者企业的选择性招聘等，就连一向号称平等博爱的美国也由特朗普举起了排除异己的大棒。企业在竞争市场，职员在竞争就业，幼童在竞争教育，甚至在性别不均衡的压力下对配偶的竞争也大大提前了，在竞争的压力下有些人会采取一些不恰当甚至是违法的手段，而另一些人因此感觉受到了伤害，当你大叫"不公平"的时候，不知道你有没有意识到这实际上是你的人权受到了不法侵害，包括工作权、健康权、休息权、受教育权、婚姻自由权等，这些都是作为一个人应该平等享有的基本权利，不因个人的性别、年龄、宗教、地域等的不同而有所区别，受宪法保护，由国家强制力保障实施。只有当每个人的基本权利受到保护，人们才能在基本公平的环境下竞争，才能较好地生存发展，社会资源才会获得最合理有效的分配。

二、我国的宪法与人权保护

（一）我国宪法规定了人权保护

为了每个人都能被合理平等地对待，为了每个人都能更好地生存和发展，必须对人的基本权利进行保护。谈到人权保护就必须要谈到人权的保障书——宪法，世界各国尽管立法形式不尽相同，但是大多把宪政作为发展人权的手段，力求形成以宪法为前提，以民主政治为核心，以法治为基石，以保障人权为目的的政治形态。在我国，宪法作为国家的根本大法是国家法律体系的重要组成部分，宪法规定了国家最根本最重要的问题，包括国家的性质、国家的政权组织形式、国家的结构形式、国家的基本政策、公民的基本权利和义务、国家机构的组织及其职权等，具有最高法律效力和更为严格的制订、修改程序。宪法的基本内容就是国家权利的依法行使和公民权利的有效保障，宪法诞生之初就将保障公民权利作为其目的和最核心的价值。许多时候当我们感到受侵害时，其实是作为国家根本大法的宪法没有起到应有的作用。

我国在宪法的正文之中规定了公民的基本权利，包括：①公民的平等权，即公民在政治、经济和社会一切领域内依法享有同其他公民等同的权利，不因任何外在差别而予以区别对待；②政治权利和自由，指公民享有参加国家政治活动的权利和自由，包括选举权和被选举权等；③公民的人身权利和自由，包括生命权、健康权、名誉权等；④批评、建议、申诉、控告、检举和取得赔偿权；⑤公民的社会经济权利，包括财产权、劳动权、休息权等；⑥公民的文化教育权利，包括受教育权和科学研究、文艺创作及其他文化活动的权利；⑦公民的宗教信仰自由，包括信仰或不信仰宗教的自由；⑧公民的婚姻自由，包括结婚自由、离婚自由和复婚自由。这些基本权利与每一位中华人民共和国的公民紧密相连，不可缺乏、不可取代、不可转让、法定且普遍适用。客观地说，我国宪法所规定的基本权利既体现了当代人权的多样性，又继承了传统的宪法学理论，已经在大体上反映了世界范围内人权发展的普遍要求，是符合时代发展的客观需要的。

（二）我国人权保护的现状

改革开放以前，由于我国长期实行的是计划经济体制，社会的法律意识和法律实践是滞后于社会本身的发展的。我们的政府事实上是一个保姆型政府，各种国有的、全民所有的、集体所有的企业和各种政府机关、事业单位几乎承担了与公民相关的所有社会职能，包括医疗、就业、住房、子女入学甚至是米面油等生活物资的供给。本该是通过个人竞争获得的成果在很多时候由国家统一供给平均分配了。人们在谋求生存发展的过程中经常见到由于利益冲突而导致的侵权行为似乎并不存在或者说不那么明显。到了年龄我们齐刷刷地进入子弟学校读书了，毕业后我们又齐刷刷地进入父母的单位就业了，到了婚育的年龄工会和妇联甚至会帮助我们寻找配偶、举办婚礼。一切都只是客观物质条件下的均等共享，人们的各项基本权利通过这种方式被集体置于政府无形的事无巨细的保护之中了，个人对于自身权利的追索似乎并不那么必要，导致在相当长的一段时间内个人、集体甚至是我们的政府都缺乏对公民个人权利追索的理论和实践。改革开放以后，我国实行了市场经济，鼓励自主经营，自主择业，个人、组织甚至政府部门都被推向市场，竞争逐渐加剧并呈现出多样化的趋势，公民的就学、择业、医疗、土地流转、房屋拆迁等许多领域因为对资源的争夺而产生侵权事件。不可否认，建设具有中国特色的市场经济和具有中国特色的法治国家是我国几千年来的崭新课题，整个社会甚至包括我们的政府都在摸着石头过河，许多事情我们处理得并不那么完美，因此1992年当一部反映公民维护个人权益的影片《秋菊打官司》横空出世时在全国引起了很大的反响，在国际上也屡获殊荣，它刷新了国人的视野，让人们意识到原来生活可以这样过，原来有些权利是国家早就认可的，只要你维护你就会拥有。

沿着我国发展的轨迹不难理解为什么理论界会普遍认为我国的宪政建设缺乏内生因素，宪政在很大程度上是由国家或政府推动的。改革开放后，我国实行了市场经济，为了更好地与世界接轨，为了使我国整体更具竞争性，更加符合市场经济的客观规律，政府从许多公共领域退出，强调从管理型政府转变为服务型政府，公民的个人基本权益随着企业改革的浪潮被下放到个人手中，就学、择业等许多资源不再靠单位解决，资源分配不再吃大锅饭，与我们生存发展密切相关的许多事物要自己争取才会拥有，权益维护由以单位为基点转变为以公民个人为基点。

政府推动了生存发展方式的变革，也推动了政治生态的变革，在我国的宪政建设中，国家或政府始终起着一种特别突出的、关键的、能动的主导作用，包括宪政观念的启蒙、总体设计和实施保障，我国实际上是一种政府推进型的宪政建设模式。这种政府推进型的宪政建设模式是历史和现实的客观选择，是一个管理型政府向服务型政府转变的必然抉择，很有效，能够高屋建瓴地迅速指明方向搭起框架，但是如果仅仅依靠政府的推动而缺乏公民的有效参与，我们的政府会很累，有时候会感到力不从心。当侵权事件发生时，如果受侵害的个人自己无意愿维权，如果政府视而不见会导致当事人权益受损，产生不良的社会效果，而政府主动参与则可能会产生新的不公平，无意中伤害其他人的权益。在法治国家，最终要由每个人自己拿起法律的武器才能真正及时有效地保护自己的权益，由此人权、宪政的具体实现还要依靠落实到作为维权基点的公民，毕竟他们才是现实的权益主体。

考察我国的宪法监督制度和宪法审查制度，不难发现确实是国家和政府在起主要作用，公民个人很难介入，而人权一旦被侵害，难以在宪法运行的层面进行及时有效的维护。宪法监督是由宪法授权或宪法惯例认可的机关以一定的方式进行合宪性审查，取缔违宪事件追究、违宪责任从而保证宪法实施的一种宪法制度。我国的宪法监督属于代表机关监督体制，监督机关是全国人民代表大会；在合宪性审查方式上采取的是事前审查和事后审查相结合的方式。例如，全国人民代表大会常务委员会有权撤销与宪法相抵触的行政法规、地方性法规等规范性文件，这就是一种事后审查的方式；而自治区人民代表大会制定的自治条例和单行条例要报全国人民代表大会常务委员会批准后生效，这就是一种事前审查方式；在违宪的制裁措施上，我国采取撤销违宪法律、不批准违宪法案和罢免违宪责任者的职务等措施。通过对这些内容的分析我们不难发现，公民作为权益侵害事件的主体很难介入到宪法监督的程序中去，更难以从违宪的角度维护自身的基本人权。

第一，从监督机关看，我国规定由全国人民代表大会及其常务委员会行使宪法监督权，《立法法》第九十条规定，国务院、中央军事委员会、最高人民法院、最高人民检察院和各省、自治区、直辖市的人民代表大会常务委员会认为行政法规、地方性法规、自治条例和单行条例同宪法或者法律相抵触的，可以向全国人民代表大会常务委员会书面提出进行审查的要求，由常务委员会工作机构分送有关专门委员会进行审查、提出意见。前款规定以外的其他国家机关和社会团体、企业事业组织以及公民认为行政法规、地方性法规、自治条例和单行条例同宪法或者法律相抵触的，可以向全国人民代表大会常务委员会书面提出进行审查的建议，由常务委员会工作机构进行研究，必要时，送有关专门委员会进行审查、提出意见。由国家最高权力机关来行使宪法监督权，这种监督机关的设立使得宪法监督具有极高的权威性，使得监督工作具有泰山压顶之势。但是我们也应该看到这也提高了监督工作的介入门槛，试想当山区里一个老农因为不合理的地方规定而遭受权益侵害时，他又如何向监督机关书面提出进行审查的要求，如何请求全国人民代表大会及其常务委员会介入呢？依据法律的合宪性推定原则，法律一经立法程序制定并颁布实施后便具有宪法上的确定力，即使对其产生疑义，亦应推定其符合宪法，一切国家机关、社会团体、企事业组织、公民均应遵守。依据这一原则，即使有些法律可能与现行宪法存在抵触，可能会损害当事人的权益，但是在有关机构没有宣布其违宪的情况下，相关机构、个人也只能先执行，所以我们有时候会看到一个明显有悖常理的事件就那样令人目瞪口呆地出现了，许多时候这些事件就是我们的政府机关甚至是法院做出的。法律、法规具有普遍适用性，它们的确立废止都是相当严肃的过程，要经过严密的调查论证以确保无虞，这需要一定的时间，如果侵害人权事件发生时采取这种方式处理，可以想象要得到一个合宪结果的难度有多大。另外，由于全国人民代表大会及其常务委员会作为国家的最高权力机关还有许多其他职责要履行，并非专门从事宪法监督的机关，试想如果每一件违宪事件无论性质、大小都要以这样的方式才能得到处理，国家和社会将会付出极大的维权成本。

第二，我国宪法监督采取事前审查和事后审查相结合的方式，这与我国宪法规定由立法机关作为宪法的监督机关是紧密相连的，这种监督体制有其优越性，在管理型政府的机制之下它能通过与政府部门或者企业、单位的对接有力介入，但是在服务型政府的机制之下它的监督覆盖面显得不足，它更适合对法律、法规的合宪性和国家机关的监督，而对于其他的具体行为和非体制内宪法主体的监督不够。

违宪审查是指享有违宪审查权的国家机关通过法定程序，以特定方式审查和裁决某项立法或某种行为是否合宪的制度，以违宪审查权的归属为标准，目前国际上不仅有立法机关审查模式，还有司法机关审查模式、专门机关审查模式和由两个或两个以上国家机关共同行使违宪审查权的复合审查模式。立法机关审查模式即我国现行模式。司法机关审查模式指普通法院在审理具体案件时，对该案件所适用的法律、法规以及法律性文件的合宪性进行审查、裁决的一种违宪审查模式，优点是能使一国的违宪审查具有经常性、有效性和可操作性，从而有利于平衡国家权利、协调各种利益关系、稳定国家政权结构、维护宪法的最高权威和一国法治的统一。缺点是主要针对具体的个案审查，不直接撤销违宪法律、法规，遵从无诉案无审查原则。需要注意的是，美国采取的是司法机关审查模式，我们知道美国是英美法系，实行判例法，司法机关既有司法权又有立法权，而我国可以划归为大陆法系，实行成文法，司法机关只有司法权没有立法权，在两种不同法系下建立起来的理论体系和实务部门也存在极大的差异，由于各国国情不同，目前国际上照搬美国模式的也不多。专门机关审查模式指由宪法所规定的专门机关对法律、法规及法律性文件的合宪性进行审查、裁决的一种违宪审查模式，分为特设司法机关审查模式和专门机关审查模式，德国、俄罗斯、奥地利、意大利、韩国等采取这种模式。复合审查模式指国家的违宪审查权由两个或两个以上国家机关共同行使，并依法律规定或国家认可的权限、程序和方式对违宪案件进行合宪性审查和裁决的一种模式。例如，瑞士由议会、政府和法院共同行使违宪审查，朝鲜由国家权利的最高领导机关和检察机关共同监督宪法实施，法国由宪法委员会与行政法院并行审查，英国由议会与普通法院并行审查，也有学者建议在我国采取这种模式。

上述四种违宪审查模式各有优点又各有不足，笔者认为如何丰富完善我们的宪法监督体制应该主要弄清楚两点：一是当一个公民，不论是强大的还是弱小的，当他的基本权利遭到侵害时他该如何维权，如何请求国家公权力介入？二是当我们进行宪法监督时，对于违宪的法律法规、国家机关、具体的违宪行为、不同的违宪主体，我们希望有什么样的监督结果？我们希望什么样，我们又能做到什么样，这需要结合我国国情从制度层面进行设计，笔者认为搞清楚了这两个问题有助于建立更符合我国国情的宪法监督体制。宪法是我国的根本大法，宪法监督机制的设立往浅了说关系到宪法监督权、审查方式等方面，往深了说关系到宪法的地位及与之相关的一系列问题，需要进行全面深入科学的研究，就目前情况笔者建议是否可以由法院、各级人大、政协担负起违宪事件的预审和上报工作。例如，法院在审理案件时，如当事人提出书面材料，认为该案涉及的法律、法规等违反了宪法，由法院在法定时间内组织相关专家学者（相关利益代表是否参与，以什么形式参与可以商榷）进行讨论，如认为理由成立的，可以先搁置该案的审理工作，将所提交的书面材料和讨论结果上交全国人民代表大会及其常务委员会进行合宪性审查，等审查结果出来后，该法院再依审查结果处理案件，尽量降低因为人权侵害而给公民带来的伤害。对于案件搁置期间的当事人非重大刑事犯罪的可以采取保释金（保释金金额应与涉案标的相适应）或监视居住等措施。对于非讼事件可以将书面材料提交当地人大或政协，由该人大或政协组织相关专家学者（相关利益代表是否参与，以什么形式参与可以商榷）在法定时间内进行讨论后认为理由成立的，可以先搁置该事件，将所提交的书面材料和讨论结果上交全国人民代表大会及其常务委员会进行合宪性审查，等审查结果出来后，涉事部门、人员再依审查结果处理事件。

第三，对于违宪的制裁措施，我国采取了撤销违宪法律、不批准违宪法案和罢免违宪责任者的职务等措施。不难看出这些制裁措施与我国的违宪审查模式是一脉相承的，都是立法机关行使宪法监督权的产物，适合对法律、法规的合宪性和国家机关的监督，而对于其他的具体行为和宪法主体似乎并不那么恰当。我们知道，在市场经济的体制下，资源竞争可以在公民、企业、组织、政府之间交互产生，由此产生的违宪事件呈多样性、多元化，相较于法律、法规，公民直面的是越来越多的具体违宪行为和多元化的违宪主体，倘若制裁措施仅仅是撤销违宪法律、不批准违宪法案和罢免违宪责任者的职务，对于具体违宪行为和违宪主体很难做到罚当其罪，恐怕难以全面有效地维护公民的人权。另外，对于由于执行还未被判定违宪的法律、法规而产生的人权侵害事件，如果仅仅是撤销违宪法律、不批准违宪法案，笔者认为是不够的，现代社会的人权侵害事件有时候会给被侵害者带来巨大的精神、经济、身体甚至是生命的伤害，应该引进国家赔偿，以弥补当事人的损失。

（三）人权保护的作用

对于人权保护，许多人，包括部分官员都有一些片面的理解，似乎维护人权就是要和政府搞对立，就是"刁民"，会给政府的工作找麻烦，事实上这是对人权、对宪法的错误理解。宪法的基本内容就是国家权利的依法行使和公民权利的有效保障，而国家权利的依法行使和公民权利的有效保障既是对立的又是统一的，法为良法，国家权利行使恰当时，公民的权利就会得到有效的保障，反之公民的权利就会受到伤害，而公民的权利如果得到有效行使会促使国家权利更好地依法行使，整个社会进入良性运行的快车道。笔者认为公民对于自身基本权益的维护本身就是公民参与国家管理的一种形式，我国宪法实行的是人民主权原则，宪法规定："中华人民共和国的一切权力属于人民。"那么人民主权怎么体现呢？笔者认为不仅仅是全国人民代表大会制度和基层群众自治制度，还应该包括公民通过对个人基本权利的维护的形式来参与政府管理，后者更具常态性。

还有些人认为公民为了维护自己的人权质疑现有的法律、法规、方针政策，甚至将政府告上法庭是给政府"抹黑"，是否定党的领导、否定政府的工作——这是一种错误的观点！我们应该用历史唯物主义和辩证唯物主义的眼光看问题，马克思主义哲学告诉我们社会是在矛盾和变革中不断前进的，是一个平衡—变革—冲突—再平衡的过程。现在我们已经逐渐步入信息社会，社会变革不断加剧，利益竞争在所难免，矛盾冲突也在所难免，有了问题并不可怕，重要的是我们怎么去解决，笔者相信只要我们的党、我们的政府始终坚持为人民谋福利，始终坚持为人民谋求更好的生存和发展，我们的党、我们的政府是任何人、任何事也否定不了的。人权保护事实上是社会自我修复的一种重要方式。由于社会的不断发展，生产力与生产关系之间也存在一个再平衡的过程，当原有的社会体系出现了与现实情况不相协调的情况时，包括资源分配体系、社会激励体系等都需要相应的调整以适应这种变化，根据客观经济、政治、文化条件的变迁，对相关法律、法规、方针政策进行修改，而大量基层实际情况的反馈正是通过公民维权产生的。

我国 2004 年施行的《粮食收购资格审核管理暂行办法》规定：直

接向粮食生产者收购粮食必须经县级以上粮食行政管理部门审核资格，取得粮食收购资格，并在工商行政管理部门登记。2016 年 4 月 15 日，巴彦淖尔市临河区人民法院一审判决内蒙古农民王力军收玉米构成非法经营罪，判处有期徒刑一年，缓刑两年，并处罚金人民币两万元。2016 年 11 月，国家粮食局在官方网站上公布了《粮食收购资格审核管理办法》，其中明确规定，农民、粮食经纪人、农贸市场粮食交易者等从事粮食收购活动，无须办理粮食收购资格。2016 年 12 月 16 日，最高人民法院做出决定，指令内蒙古自治区巴彦淖尔中院对这起案件进行再审。2017 年 2 月 17 日，内蒙古巴彦淖尔中院再审判决王力军无罪。如果没有该案恐怕很多人还不了解在我国实施了市场经济政策这么多年以后，在农民普遍存在卖粮难的情况下，收购玉米居然还要主管部门许可及工商行政管理机关核准登记颁发营业执照，否则就有可能犯罪。可喜的是相关部门迅速做出改进，这就是一个典型的通过维权进行社会修复的过程。根据我国人力资源和社会保障部《2016 年度人力资源和社会保障事业发展统计公报》，截至 2016 年年底，全国共有公务员 719 万人，面对 13 亿多人口（2013 年）、56 个民族、23 个省、4 个直辖市、5 个民族自治区和 2 个特别行政区的经济发展，反腐倡廉，优化改革……如果没有通过公民维权实现从下到上的反馈来进行社会自我修复的机制，仅靠现有公务员从上到下的管理，政府将会较为被动。

考察我国的宪法与人权保护，应该说我们的国家、政府和个人都已经认识到了人权保护的重要性和必要性，公民呼唤权利，国家积极推进，依法治国是我们的国策，建立法治国家是我们的目标，但是由于我国的法治实践起步比较晚，还有一些理论问题没有解决，人权保护的全面实现还有许多工作要做，这需要国家、政府继续推进，也需要我们每个人的努力，结合我国国情找出行之有效的办法。

第四节　对于我国人权保护的一点设想

一、我们需要什么样的法

笔者常常在想，法是什么呢？是我们眼前这一本本厚厚的法典吗？是律师、法官口中的那一个个法条吗？法治社会又是什么呢？是国家和政府提供了清正廉明的法官，每个案件都能得到公平公正的处理吗？是每个公民权益受到侵害时都能够有律师协助依法解决吗？一个公民遇到纠纷都得打官司他要付出多少成本啊！如果他付不起这个成本，他是否会被法律、被我们的法治社会所抛弃？如果这就是法，这就是法治社会，那么笔者只能说它们太浅薄了，也太冰冷了——我们跌入了形而上学的陷阱里。

法体现了国家意志，是统治阶级为了实现统治并管理国家的目的，经过一定立法程序所颁布的一切规范的总称。但是法也是社会规范的一种，是各种利益在激烈的社会竞争中，在各种矛盾冲突的斗争中，彼此斗争、彼此妥协而后由大家共同遵守的产物。利益的申诉有千千万万，社会规范也有千千万万，只有那些符合社会整体利益的社会规范才能最终成为具有国家意志的法律，从而为社会全体共同遵守。那么法治社会呢？做到国家权力和社会关系按照明确的法律秩序运行，并且按照严格公正的司法程序协调人与人之间的关系、解决社会纠纷就可以了吗？笔者认为这还不够，随着社会的发展，利益竞争越来越激烈，矛盾冲突越来越多，是历史的演变选择了法治社会，真正的法治社会必须能更有效地协调各种利益关系，化解矛盾冲突，营造更好的生存发展环境。法、法治社会都应该是深刻的、热烈的，让我们感到光明和温暖，能让每个公民更好地生存发展。

二、每个中国人的梦

一个人在这个世界上生存和发展，他到底需要些什么？我们知道，人在这个世界上首先是一个人，其次才是男人、女人、老人、小孩、黑的、白的、信教的、不信教的、汉族的、少数民族的……最后他才是别人的丈夫、妻子、父母、子女、亲戚、朋友、邻居、同事……人，无论男女老少、高矮胖瘦、民族宗教、身份职业，生存和发展都离不开吃喝拉撒、衣食住行，都希望得到可口的食物，受良好的教育，有一份体面的工作，过着受人尊重的生活。四川大凉山区彝族的孩子和香港九龙半岛的孩子梦想可能都一样，他们长大了都想当科学家、宇航员、将军、外交官、诗人、明星、老板、运动员……2012年11月29日，中共中央总书记习近平在国家博物馆参观"复兴之路"展览时第一次阐释了"中国梦"的概念："大家都在讨论中国梦。我认为，实现中华民族伟大复兴，就是中华民族近代以来最伟大的梦想。"那么中国梦到底是谁的梦？北京人的、上海人的，还是山东人的、福建人的？中国梦应该是我们13亿（2013年）中国人的。正如2013年3月习近平同志在接受金砖国家媒体联合采访时指出的那样：中国梦首先是13亿中国人民的共同梦想。笔者认为只要是中国人都有权利享有国家给予的生存发展保障，都有机会实现自己的人生梦想。

一个中国公民，他首先是个中国人，其次才是北京人、上海人、武汉人、香港人、澳门人……各地可以根据本地的实际情况，依据法律赋予的权限制定适合本地区公民的方针政策，但是从国家的层面来说应该平等地给予全国每一个公民最低限度的生活保障，满足他们的生存需要；对于有更高要求的公民应该提供良好的发展空间，帮助他实现自己的梦想。这就好比国庆节公司给全体职员发放福利，各个分公司也可以依据自身情况在其内部针对该分公司职员再次发放福利，两种福利是叠加关系而不是互斥关系，更不能因为分公司已经发放了福利，总公司就取消该分公司职员的福利待遇，否则就会造成不公平待遇。中央的政策法规针对的是第一层次的概念，即是不是中国人；而地方的政策法规针对的是第二层次的概念，即是不是北京人、上海人、武汉人、香港人、澳门人……应该说中央和地方不是矛盾的，而是相辅相成的。

人的梦想有千千万万，一个香港人可能也梦想着为祖国抛头颅、洒热血、驻守边关、抵抗侵略，成为一个民族英雄；一个彝族人可能也梦想着掌握多国语言，在国际舞台上运筹帷幄、长袖善舞。人生有无数种可能，只要你去努力，梦想终会照进现实，而我们的国家应该做的就是平等地帮助每个人实现自己的中国梦。

三、关于人权保护的几个建议

（一）将宪法的基本原则贯穿于社会生活的始终

宪法是我国的根本大法，1982 年的《中华人民共和国宪法》在序言中写明："本宪法以法律的形式确认了中国各族人民奋斗的成果，规定了国家的根本制度和根本任务，是国家的根本法，具有最高的法律效力。"第五条规定："一切法律、行政法规和地方性法规都不得同宪法相抵触。"我国宪法的基本原则是：①人民主权原则，即国家中的绝大多数人拥有国家主权。我国在宪法第二条规定："中华人民共和国的一切权力属于人民。"②基本人权原则，人权就是作为一个人享有和应当享有的基本权利，是一个人为满足其生存和发展需要而应当享有的权利。我国 2004 年宪法修正案规定："国家尊重和保障人权。"③权力制约原则，即国家权利的各个部分之间彼此牵制、相互监督，以保障公民权利。④法治原则，即统治阶级按照民主原则把国家事务法律化、制度化，并严格依法管理。依法治国并不意味着遍地是法官律师，动则法庭相见，笔者认为要保护公民的基本人权，我们在制定各项规章制度、法律法规乃至方针政策的时候就应该将宪法的这四个原则贯穿始终，这些规章制度、法律法规乃至方针政策是否体现了人民主权原则，是否有权利制约机制，是否遵守了法治原则，是否保障了基本人权，更进一步地说是否有利于实现公民的生存和发展。如果宪法的基本精神不仅仅只是机械地在制定和实施宪法的过程中遵循，法律不仅仅只是存在于冰冷的法条之中，而是将其灵活地贯穿于我们社会活动的始终，我相信违宪事件将会从源头上大大减少，社会的法治化进程也会随之加快。

（二）平等保护每一个公民的基本权利

我国宪法规定：凡具有中华人民共和国国籍的人都是中华人民共和国的公民。公民在法律面前一律平等，任何公民享有宪法和法律规定的权利，同时必须履行宪法和法律规定的义务。因此，如果一项政策是针对所有中国人的，我们就要考虑它是否真实地覆盖了包括 56 个民族、23 个省、4 个直辖市、5 个民族自治区和 2 个特别行政区在内的所有人，宪法规定我国公民不分地域、年龄、性别、肤色、民族、宗教都享有同样的平等权、政治权利和自由、人身权利和自由、社会经济权利、文化教育权利、宗教信仰自由、婚姻自由和批评、建议、申诉、控告、检举与取得赔偿权，则我们的党和国家所创造的生存发展机遇是每一个中国人都有权利享有的。

1. 宪法中的相关规定

如何为所有人创造良好的生存发展环境呢？让我们首先看看宪法的有关规定：我国是单一制的国家形式，国家由若干普通行政单位或自治单位、特别行政区等组成，各组成单位都是国家不可分割的一部分。何谓单一制国家？即全国只有一部宪法，一个中央国家机关体系，每个公民只有一个统一的国籍，各行政单位或自治单位均受中央政府统一领导，不能脱离中央而独立，各行政单位或自治单位所拥有的权利通常由中央以法律形式授予，国家整体是代表国家进行国际交往的唯一主体。

为了更好地促进地方发展，我国宪法还赋予了地方一定的自主权，允许地方依据本地的实际情况在本地范围内按照法律赋予的权限自主地处理一些地方事务，其中对民族区域自治制度和特别行政区制度的规定如下：

（1）民族区域自治制度。指在中华人民共和国范围内，在中央政府的统一领导下，以少数民族聚居区为基础建立的自治地方，设立自治机关，行使宪法和法律授予的自治权的政治制度。民族自治地方的自治权包括：①依地方实际情况贯彻执行国家的法律、政策，对于上级国家机关的决议、决定、命令和指示如有不适合民族自治地方实际情况的，自治机关可报经该上级国家机关批准变通执行或停止执行。②制定自治条例和单行条例。③有权自主地安排使用根据国家财政体制应属于民族自治地方的财政收入。④在国家计划指导下自主地安排和管理地方性经济建设事业。⑤自主地管理本地方教育、科技、文化、卫生、体育事业，保护和整理民族文化遗产，发展、繁荣民族文化。⑥依国家军事制度和当地实际需要，经国务院批准可以组织本地方维护社会治安的公安部队。⑦民族自治机关在执行职务时依自治条例规定使用当地通用的一种或几种语言文字，同时使用几种通用的语言文字执行职务时，可实行区域自治的民族的语言文字为主。

（2）特别行政区制度。特别行政区是"一国两制"构想的产物，它与省、自治区和直辖市都是属于直辖中央人民政府的地方政权，是在中华人民共和国行政区域范围内设立的，享有特殊法律地位，实行资本主义制度和资本主义生活方式的地方行政区域。特点是"一国两制"、高度自治、当地人管理。特别行政区享有高度的自治权包括：①行政管理权。②立法权。③独立的司法权和终审权。④自行处理有关对外事务的权利。⑤高度自治的其他方面。特别行政区的法律制度包括：①特别行政区基本法。②予以保留的原有法律。③特别行政区立法机关制定的法律（须报全国人民代表大会常务委员会备案）。④适用于特别行政区的全国性法律。

通过比较宪法中关于我国国家结构形式的规定，我们可以发现：

（1）凡是享有中华人民共和国国籍的公民在法律面前一律平等，都享有宪法和法律规定的权利，必须履行宪法和法律规定的义务，所有人的人权都是受国家保护的。那么国家对于这些地区的中国公民既不能放任不管，又不能过度偏爱，而是要平等地保护，保护本国公民的基本权利是每个主权国家的必然责任。

（2）考虑到我国不同地区由于历史和现实的多种因素，在经济、文化等方面存在差异的实际情况，为了提高行政管理效率，采取了给予地方一定自主权的形式，民族自治地方和特别行政区就是典型的例子，宪法中对相关自主权的内容也做了详细罗列，其效力范围仅限于该自治地方或特别行政区。那么我们就要问了，如果一个少数民族公民离开了其户籍地所在的民族自治地方，一个特别行政区公民离开了其户籍所在地的特别行政区，他们的人权又该怎么保护？

2. 现实社会需要人权保护

当今的世界经济是人类社会生产力发展到一定历史阶段的产物，它建立在国际分工和世界市场的基础之上，世界各国在经济上既相互竞争又相互联系、相互依存，彼此通过商品流通、劳务交换、资本流动、技术转让等多种方式和渠道将各国生产、生活等方方面面有机地联系在一起。全球著名的体育用品制造商耐克公司，它的总部位于美国俄勒冈州，研发中心设在美国（如耐克高尔夫全球研发中心"The Oven"位于美国得克萨斯州的沃夫堡），生产经营活动遍布全球六大洲，其员工总数达到了7万人（2016年5月），合作供应商、托运商、零售商及各类服务人员接近100万人。今天我们在北京商场里买到的一双耐克鞋可能就是美国研发、泰国生产、中国销售。世界经济一体化是历史发展的必然趋势，也是我们每个人必须面对的现实。

反观我国，由于历史和现实的原因，各地的经济发展也极不平衡。例如，云南省位于中国西南的边陲，总人口4770.5万人（2016年），8个地级市、8个少数民族自治州。相对平缓的山区只占总面积的10%，大部分地区地面起伏不平，少数民族人口占全省总人口的33.4%，农业、矿业和旅游业是其主要产业。湖北省是我国承东启西、连南接北的交通枢纽，总人口5857.5万人（2015年），12个地级市、1个自治州，少数民族人口占全省总人口的4.5%。特色产业包括电子信息、装备制造、生物医药、纺织制造、石油化工、汽车零部件加工等。香港特别行政区地处中国华南地区，珠江口以东，南海沿岸，邻接深圳、珠江，由香港岛、九龙半岛、新界3大区域组成，总人口约737.49万人（2016年），华人数量占总人口的92%，人口密度居世界第三，是全球第三大金融中心，也是重要的贸易和航运中心。通过对这几个地区的情况做比较我们可以发现，各个省、市、自治区和直辖市不仅在地理位置、环境资源、人口分布等情况上有所不同，在产业分布上也有极大的区别，各个地方都有自己的特色、优势，也都有自己的短板。经济就是在不停地流转和取长补短之中繁荣起来的，为了寻找合适的生存发展机遇，人口流动成为必然。

地区间的分工合作，人、财、物的大流转、大融通是世界经济发展的必然趋势。也是我国经济发展的必然趋势，为了更好地生存和发展，一个云南人可能在广西长大、去武汉求学、到香港工作，一个香港人也可能在深圳长大、去北京求学、到上海工作，在他们的人生流转中如何实现人权保护是我们在制定法律、法规和政策时必须认真对待的问题。

（1）为了方便居民维护权益，全国各地都设置了各种监督、投诉、维权、求助电话，但是除了报警 110、急救 120 等许多地方电话并不统一，以云南为例：云南省旅游执法总队（投诉电话）：0871-64608315，昆明市旅游局检查大队（投诉电话）：0871-96927、0871-63164961，西双版纳旅游（投诉电话）：122077，大理州旅游质量监督管理（投诉电话）：0872-2121246。试想一个到云南的游客如果在旅游途中受到了权益侵害，他该如何知晓当地的举报电话？如何请求相关职能部门介入进而维权？辽宁省虽然将全省各市消费者举报电话统一为 12345，但是在该省工商局的官网上很难找到该举报电话，试想一个初到内地的港澳台人员该如何得知这一维权方式？笔者建议凡是涉及我国公民基本人权的，国家设立了相关部门及举报电话的，应该将举报电话在全国 23 个省、4 个直辖市、5 个自治区、2 个特别行政区都统一起来，并进行工作电话录音以备监督检查。如果条件允许的话将相关职能部门的功能也统一起来，这样无论是哪里人，要往我国的哪里去，只要掌握这些全国统一的基本情况，就能迅速在我国范围内的任意地区与相关部门取得联系，从而获得权益保护。

（2）人的社会生活包括了教育、福利、就业、医疗等多方面，如果国家以基于社会保障的方式进行提供，就应该平等地提供给具有我国国籍的任何人。由国家汉语国际推广领导小组办公室设立的非营利性机构——孔子学院，如果可以教外国人学习汉语和中国文化，也可以教少数民族和港澳台人民学习汉语和中国文化；如果北京、上海可以免费收看中央台的电视节目，香港、澳门、台湾也可以免费收看中央台的电视节目；如果东北的农民种田有粮食直补，港澳台的农民种粮食也可以有粮食直补……凡是由国家全民供给的，就应该全民享有。笔者建议类似政策包括由国家提供的奖学金、助学金、公费留学资助，每年各部委评选的三八红旗手、三好学生、优秀警察、优秀教师、优秀检察官等荣誉，全国包括港澳台地区的所有人员都有资格参评，由该部委提供适用全国的评选标准，具体的评选细则和程序由各地区自行制定。公平竞争，获得国家社会的认可，我相信这是每一个人希望的，也是每一个人的基本权利。

（3）许多地区都有自己的优惠政策，但是这些政策往往与地域相联系，人员一旦离开该地，优惠政策即难以实现，不利于人口流动，这种情况在少数民族地区和港澳台地区尤为突出。少数民族地区大多也是老少边穷地区，经济基础薄弱，当地居民主要面临的是生存问题，要在生存中求发展；而港澳台地区经济基础较好，但是人口密集资源较少，当地居民主要面临的是发展问题，要在发展中求生存。所有这些问题都需要在社会的经济建设中解决，具体到个人就是求学、工作、医保、社保等方面。笔者建议将国家层面给予的优惠政策与个人挂钩，这样不论人员流动到哪里都可以享受到而不必受地域的限制，有利于人财物的流动。例如，每个人的社保（或医保）账号一经办理全国通行，如果当事人选择在云南办理社保，当他到上海就业后可以选择继续使用该社保，企业只需往此社保账号缴纳社保金即可；如果当事人打算在上海重新办理社保则可以选择两地同时参保或者终止云南社保，这就相当于有的人买了一份保险而有的人买了两份，只不过保险的提供商是政府而已。对于港澳台地区的人员也是如此，他可以选择在内地任何省份办理社保，该社保与其户籍地（港澳台）社保都可以依照参保人自己的意愿保持或终止。

另外，在我国的社会管理中档案管理起到了非常重要的作用，它为社会实践提供了档案信息服务，为此 1987 年 9 月 5 日第六届全国人民代表大会常务委员会第二十二次会议通过《中华人民共和国档案法》对此进行规范，这一点在我们的求学、工作过程中表现得特别突出。例如，一个青年可能在高考前就要填写一些资料形成档案，在报考大学时以此进行投档以便大学录取，进入大学后就有了跟随一生的正式档案。该青年毕业后找工作，尤其是对于公务员、教师等体制内的工作档案更是必不可少，找到工作后档案转入单位或由人力资源中心等相关政府机构托管，入党、提干、职务升迁等都与之密切相关，再比如很多地区的学籍管理从小学甚至幼儿园就开始了。那么一个港澳台人员想到内地省份求学、就业该怎么办呢？求学、工作的机会对于每一个符合条件的中国人都应该是均等的，笔者建议在个人自愿的基础上为港澳台人员办理适用于全国的档案，以便他们到内地省份上学、考公务员、参军等，港澳台地区的公务员、教师如果升迁或调动到内地省份工作，该档案也可以起作用，这与他们在户籍地的档案并不矛盾，就好像我们在单位使用工作证，出了单位在其他地方使用身份证是一个道理。面对参军问题，笔者想说的是首先这是一个中国公民应尽的义务，其次如果我们的军队可以进口外国的飞机大炮，当然也可以有中国港澳台地区的战士，如果他们愿意的话。风险不会因为你封闭自己就消失不见，"有容"才会让自己更强大。

结　语

法治发展到今天，已经成为许多国家共同的选择，在国与国之间、地区与地区之间的交往中，法治往往具体体现为对权利的一种追索和保护，而对于公民个体而言，人权保护是关系到其生存和发展的重要课题。

　　包括中国在内的世界各国都在经历着一场由信息化带来的巨变，我们的生活正在发生着深刻的变革，宪法可以研究的问题也变得更广阔，笔者认为如果我们对宪法的研究仅仅局限于中央与地方的权利如何划分，又或者是直接民主与间接民主之间的孰优孰劣，那就辜负了这个美好的时代。为实现法治而实现法治，为维护人权而维护人权，那绝不是法治和人权的本意，只会让我们掉进形而上学的陷阱里，陷入教条主义的泥坑里。法律终究是为人类的美好生活服务的，用宪法这个根本大法武装我们的头脑，以促进人民的生存发展为目标，推进社会生活实践，相信我们的路会越走越宽。

第二章 新时代知识产权
保护问题研究

我国自 1949 年成立至今，文化、政治尤其是经济都取得了重大发展，但是也应该看到当前我国经济还存在创新不足、地区发展不平衡和国际贸易纠纷不断等诸多问题。本章以马克思主义理论为基础，结合我国当前建设发展的实际情况研究知识产权保护的相关问题，以期从"民事"的角度推动社会的信息化建设和法治化建设。

第一节 研究知识产权保护问题的意义

人类社会的生存发展、各种社会矛盾的出现化解总是与生产力的发展密切相关。概括来说，人类的文明进程是伴随着三次重大的生产力革命展开的——第一次是"农业革命"，历时几千年，人类从原始野蛮的渔猎时代进入以农业为基础的社会；第二次是"工业革命"，历时 300 年，它摧毁了古老的文明社会，在第二次世界大战后的 10 年达到顶峰。而我们今天面临的是第三次生产力革命——信息革命，它以不可逆转的趋势深刻改变着当今世界的面貌和格局——信息、知识成为重要的生产力要素，和物质、能量一起构成社会赖以生存的三大资源。知识产权法在与信息、技术相关的知识产权权益保护方面具有不可替代的作用，应该成为当前我国信息化建设和法治化建设中一个不可或缺的有机组成部分。

第二节　新时代进行知识产权保护的必要性分析

一、科学技术是第一生产力

无论是什么样的社会，有什么样的生产力就有什么样的物质生产关系和生活关系，而生产力也包括科学。应该说，人类的这几次生产力革命都是围绕着科技革命展开的，科学技术的进步和无形资产的应用对社会变革产生了深刻的影响——18 世纪中叶，英国人瓦特改良蒸汽机之后，一系列技术革命促使手工劳动向动力机器生产转变的重大飞跃，随后蔓延至整个欧洲大陆。技术革命和机器的应用带来的社会化大生产使得资本家日益拥有更强的经济实力和政治实力，资本在社会财富分配中拥有越来越多的话语权。20 世纪 50 年代中期开始，以计算机和网络的诞生为标志，随着农业时代和工业时代的衰落，人类社会开始向信息时代过渡。信息、知识应用于生产过程，渗透在以劳动资料、劳动对象和具有一定生产经验与劳动技能的劳动者这些生产力基本要素之中转化为实际生产能力。例如，良好的品牌信誉、高科技的生产方式、高端研发人员在一定条件下能对某一社会物质生产起决定性作用。在这个信息、技术"爆炸"的时代我们越来越深刻地感受到科学技术是第一生产力。

信息、知识成为重要的生产力要素必将变革现有生产关系以及与之相关联的个人、群体、自然、社会之间的关系。

当信息和知识在社会财富分配中的话语权越来越重时，我们的社会和政府面临着一个越来越尖锐的社会矛盾：如何实现社会剩余价值在脑力劳动者、体力劳动者和资本之间的合理分配。应该说由于世界的一体化和多元化，这实际上是一个世界性的难题——不同的国家或同一国家的不同地区由于经济、技术发展的不平衡，体力劳动、脑力劳动和资本的分配是极不平衡的，体力劳动和资本的投入、产出比较容易计算，而脑力劳动的投入、产出则难以量化，至少目前没有统一的量化标准。这也就是说在剩余价值的创造过程中，资本和体力劳动的投入、回报都可以成为一个为大家所认可的相对确定值进而进入市场进行流通，而脑力劳动的投入、回报则难以形成这么一个为大家所认可的相对确定值，这非常不利于脑力劳动的市场化。

例如，目前我国的编剧撰写一集电视剧剧本的报酬一般是6000元至1.2万元，而明星出演一集电视剧的报酬可以达到几十万元，编剧为了增加收入只有提高写作效率以量取胜，导致作为影视作品质量之基石的剧本的质量得不到保证，"戏说""演绎"层出不穷，抄袭篡改之风日盛，影响了整个影视市场的发展。缺乏保护的脑力劳动在社会财富的创造中起着越来越重要的作用，在剩余价值的分配中却常常得不到相应的回报，这对于社会财富创造本身也是极为不利的。知识产权迫切需要得到来自政府层面的制度性保护！

二、知识产权保护的必要性

我国是一个有着5000多年历史的文明古国，幅员辽阔、民族众多、文化源远流长。从地理上来看，平原、盆地、高原、丘陵、山脉这5种陆地基本地形均有分布，为我国工农业的发展提供了多种多样的条件；从文化上来看，以华夏文化为基础，充分整合全国各地域和各民族文化要素形成，文字、音乐、戏曲、宗教、医学、餐饮、建筑、思想学说、手工艺制造等对亚洲乃至整个世界都产生了深远的影响；从科技上来看，古代中国为世界贡献了许多发明创造，在天文、数学、医药、机械、冶金等诸多领域都有独具特色的先进成果，而现代中国则出现了杂交水稻、汉字激光照排、人工合成胰岛素、青蒿素和双氢青蒿素等一大批造福人类的科技成果……在商品经济高度发达的今天，这些资源、传承和创新都可能成为知识产权的客体受到法律保护，产生相应权益，进而带来物质收益，它们不仅仅是宝贵的精神财富，也可能成为重要的物质财富，为发展经济、改善民生做出更大的贡献——从发展微观经济的角度讲我们应该采取知识产权保护措施。

20 世纪 80 年代以来，我国实行了改革开放的政策，不断改革发展至今，经济建设取得了重大的成就。据统计，截至 2017 年我国国内生产总值为 82.71 万亿元，稳居世界第二，对世界经济增长贡献率超过 30%，目前仍是世界上发展速度最快的经济体。但是，也应该看到我国区域发展不平衡的问题比较突出，区域和个人的经济水平、科技创新能力差距较大，经济发达地区不堪劳动密集型产业的重负亟须产业升级，然而阿迪达斯、耐克等许多现代工业巨头却转向了东南亚。西部欠发达地区不仅同样具有劳动力和资源方面的优势，而且相较东南亚政局稳定的优点比较突出，然而它们却并未因此而获得应有的发展机遇，笔者认为这是因为体力劳动、脑力劳动和资本之间的剩余价值分配机制尚未在我国有效确立。产业转移时，转出、转入过程中的相关地区、企业和个人之间的权限不明、利益分配不均，相关方缺乏积极性。笔者建议可以借鉴跨国企业的管理、分配模式，通过实现知识产权权益对不同地区的经济进行对接，让经济技术发达地区在向欠发达地区输出产业、科技、管理的同时，也能获得相应的利益从而提高对接的效能，进而实现体力劳动、脑力劳动和资本在全国范围的合理配置——从宏观经济调控的角度讲我们应该落实知识产权保护。

一国政策之根本，不论其政治制度、经济制度、文化制度有何不同，归根结底是要为本国谋利益，在经历了几次全球金融危机之后，当下国与国之间的贸易摩擦愈演愈烈，各国尤其是发达国家不断筑高贸易壁垒以攫取他国利益，保护本国经济。国际贸易壁垒一般分为非关税壁垒和关税壁垒，而非关税壁垒目前有不断上升的趋势。发达国家利用技术优势提高进口产品的认证要求，阻碍欠发达国家和发展中国家制成品出口，使其只能出口资源性的初级产品，这已经成为中国产品出口的主要障碍。有资料显示，我国有70%的出口企业和40%的出口产品遭遇技术性贸易壁垒的限制，涉及农业、纺织、轻工、机电、五矿化工和医疗保健等多个行业。我国出口产品还受到诸如以美国"337"条款为代表的知识产权保护的限制，以及来自欧美等国的对华特别产品过渡性保障机制立法的限制。笔者认为面对日益激烈的国际竞争，我们应"师夷长技以制夷"，不但要大力发展科技创新、保护科技创新成果，还要熟练运用法律武器维护本国利益、促进经济发展——从国际贸易的角度讲我们应该运用知识产权保护。

第三节　知识产权保护的现状

从20世纪末开始，许多国家已经从国家战略的高度来考虑、制定和实施知识产权战略，并将知识产权战略与经贸政策相结合，知识产权战略构成了国家发展总体战略的组成部分，对实现国家总体目标具有重大意义。2005 年中国成立了国家知识产权战略制定工作领导小组，正式启动了国家知识产权战略制定工作，同时中国政府也不断加大知识产权保护的力度。从中国目前的立法现状看，知识产权法仅是一个学科概念，并不是一部具体的制定法。知识产权法是对在调整知识产权的归属、行使、管理和保护等活动中产生的社会关系的法律规范的总称，具有明显的综合性和技术性特征。在知识产权法中，既有私法规范，也有公法规范；既有实体法规范，也有程序法规范。但是就其法律部门的归属而言，仍属于民法，是民法的特别法。民法的基本原则、制度和法律规范大多适用于知识产权，且知识产权法中的公法规范和程序法规范都是为确认和保护知识产权这一私权服务的，不占主导地位。知识产权法律制度主要由著作权法、专利法、商标法、反不正当竞争法等若干法律、行政法规或规章、司法解释、相关国际条约等共同构成。

法律作为社会规范之一，因其制定程序较为严格，社会认知度高，执行部门较为齐备，成为权益保护的重要手段。相信随着相关法理研究的不断深入，我国的知识产权法将会越来越完善，在协调相关物质生产关系和生活关系中起着越来越重要的作用。

第四节　对于我国知识产权保护的一点设想

一、关于立法

依法治国、建设法治国家要求我们做到科学立法、严格执法、公正司法、全民守法，其中科学立法是首要环节，但是我国知识产权法的立法工作起步比较晚，加之国内外在法理上争议很多，对知识产权的保护工作还比较被动，加快相关法律法规的建设是当前首要的工作。

（一）编撰情况

2017年3月15日，我国第十二届全国人大五次会议表决通过了《中华人民共和国民法总则》（以下简称《民法总则》），由国家主席签署第66号主席令予以公布，该《民法总则》自2017年10月1日起施行。这部《民法总则》是我国民法典的开篇之作，民法典各分编仍在编撰之中，预计将于2018年整体提请全国人大常委会审议，2020年一并提请全国人民代表大会会议审议通过，从而形成统一的民法典。《民法总则》中关于知识产权方面的规定只有第一百二十三条，与《保护工业产权巴黎公约》《建立世界知识产权组织公约》等国际公约类似，该条款也采取了列举客体的方式对知识产权的内容进行规定：规定民事主体依法享有知识产权。知识产权是权利人依法就下列客体享有的专有的权利：①作品；②发明、实用新型、外观设计；③商标；④地理标志；⑤商业秘密；⑥集成电路布图设计；⑦植物新品种；⑧法律规定的其他客体。其所规定的内容和方式侧面反映了我国知识产权保护的现状，一方面我国已经认识到了知识产权的重要性，在法律上明确了国家对知识产权的保护；另一方面在实际落实上还有许多不确定的地方，执行起来难度比较大。

（二）立法难

知识产权是人们对于自己的智力活动创造的成果和经营管理活动中的标记、信誉依法享有的权利，由于知识产品具有创造性和非物质性的特点使得知识产权保护在法理上存在很多争议，立法工作难度很大。

首先，知识产权的载体非常丰富，例如作家创造的一部小说，可以以录音磁带、印刷品、电子文档等多种形式呈现。现代科技处于不断发展中，一方面现有形式之间的界限不再那么清晰，各种技术交叉应用；另一方面新的形式又随时可能出现。以录音方式为例，较早的有电器磁带录音，后来出现了激光磁带，现在常用的是各种格式的数码音频载体，不管是实现技术还是记录载体变化的跨度都非常之大，我们很难用几个简单的词汇对它们进行准确无混淆的概括，而新的技术还在研发中，新的录音形式可能再一次颠覆我们的想象和语言，也许会使得现有的语言描述变得不准确甚至错误。其次，知识产权法既有实体法规范，也有程序法规范，包括权利的取得、行使、维护、变动、救济等程序，还规定了许多行政处罚、刑事处罚方面的内容，不同的知识产权在保护的过程中可能涉及不同的实体部门，需要采取不同的措施，而科学技术的飞速发展和国家的行政改革措施使得上述内容都有可能产生变更。

(三) 建议

我们知道法是由国家制定和认可，并由国家强制力保证实施的社会规范，具有告示、评价、预测、教育和强制等规范作用，要求具有稳定性，不可朝令夕改，否则会产生认知混乱，无所适从。此次通过的《民法总则》中关于知识产权的规定是比较谨慎的，给后面的立法工作留下了非常大的空间，这应该是基于国内外立法现实的考量。

立一部全面的、凝练的、准确的、高屋建瓴的、一字千金的知识产权法当然好，但是如果我们现在还做不到怎么办？科学技术不会停下等着法律的发展，它只会兴冲冲地一日千里。法律是由国家制定和认可的，具有普遍约束力的，由国家强制力保证实施的社会规范，那么对于法律的理解我们是不是可以更开放一些，放弃"一部好的法典应该百年不修一字"的想法，如果修改能够使得法律提供更好的保护，能够更好地规范社会，那么多次修改、补充也可能产生一部好的法律，毕竟法律最终还要为社会发展服务。

科学技术的发展变化是永恒的、客观的，如果我们过于强调法律的稳定性，非要用法律将之固定下来使之一定时间内不再变化，那么可能会使得法律陷入被动，但是我们可以对已知的事物进行固定，确定它在法律中的地位，给予法律保护。笔者建议在立法上可以采取详细列举的方式对已经无争议的内容进行规定，对仍有争议的内容可以等待认识相对一致的情况下再做规定，对于电子、生物等科技含量较高的产品可以与相关国家权威部门的规定相衔接，克服法律语言不足的缺点。这种方式也许会使得知识产权法非常之"厚"，但是也会使已经规定的内容非常之确定，从而对已经纳入法律范畴的社会生活影响比较小，进行补充、修改的大多是尚未纳入法律范畴的新内容，操作性更强。

二、保护的"度"和被保护的自由

（一）知识产权保护的"度"

一谈到权利保护似乎都感觉保护力度越大越好，但是笔者认为并非如此，尤其是对知识产权的保护，应该有个"度"的问题。

我们知道权利通常是与利益紧密联系在一起的，一旦有了权利，利益往往就随之而来，而一旦失去权利，利益也就消失了。我们进行知识产权保护，事实上是对以创新性、非物质性的知识产品为依托的利益进行分配。知识产品不同于我们生活中所见的房子、汽车等一般财产，它的保护范围无法依其本身确定，要由法律来进行确定，权利人的各种专有权利只在法律规定的范围内有效，超出这个范围则不受法律保护。例如著作权，法律规定其客体为文学、艺术和科学领域内，具有独创性并能以某种有形形式复制的智力创作成果，那么划入客体范畴的小说、散文、歌曲等就可以受到法律的保护，其作者可以享有相关的人身权和财产权，如依照自己的意愿发表、署名获得版权费、稿费等，而时事新闻、法律法规并未被纳入客体范畴，不受著作权法的保护，因此我们通常可以转载、引用而不必请求作者同意，也无须付给作者任何报酬。

一个法条的规定和执行可能引起社会财产分配规则的更改，因此笔者认为我们在进行知识产权保护的时候，一定要结合我国社会发展的实际，以促进社会整体发展为目标进行知识产权保护。由于历史条件和现实原因的不同，我国各地发展极不平衡，不同地区的产业配置差别很大：我国沿海地区尤其是上海、广州、杭州等大型城市已经进入信息化社会，大力发展智力密集型企业，以科技、金融等产业为主，在中部的湖北、湖南等地制造业占据相当大的比重，而西南边陲的云南、贵州等地旅游业、矿业是其主要产业。

当一个上海的科技企业对云南某企业进行技术转让时，如果知识产权保护"太强"，云南的企业可能无力支付相关成本导致技术转让失败，从而失去一次发展机会；如果知识产权保护"太弱"，上海的企业有可能得不到应有的收入进而失去科技研发的动力。我国现在正在积极进行产业升级换代，即东部沿海地区腾笼换鸟实现产业、劳动力的双转移和内陆地区承接产业升级换代，笔者以为这一战略的实现有赖于知识产权保护的"度"的合理把握，使得产业转出方、转入方通过对有形的、无形的财产进行合理的利益分配，避免出现因为东部地区不愿为人做嫁衣或者因为西部地区不愿做廉价劳动力而导致产业转移失败的情况。另外，如果我们对民间文艺的知识产权保护太强会导致旅游成本的增加，对推动云南、贵州等西部地区旅游产业的发展可能带来不利的影响。一个国家的经济要健康发展应该做到产业配比均衡，这样才能实现多渠道就业，避免行业内恶性竞争，同时在国际竞争中具备较强的抗风险能力，因此我们在进行知识产权保护时一定要注意把握好"度"。

也许有一天，我们的企业会具有更强的竞争力，覆盖全产业链，如大型跨国公司；而有些会变得比较小，它们会砍掉一些不擅长的环节，把自己擅长的方面尽可能做大做强，随着人财物的自由流动会使得生产、销售、研发等各个环节完全脱离开。例如，有的企业只负责研发赚取科技利润，因为规模小、人员少，这种企业可以在生活成本较高的地区生存，满足技术人员的更高的物质生活需要。有的企业只负责生产，可以依据劳动力和原材料的价格为基础设立，科研成果和销售渠道以竞价的方式用最低成本从市场获得，这种企业可以解决资源密集型地区和劳动力密集型地区的发展问题，有助于人们在当地就业，降低就业成本；有的企业只负责销售，同一销售渠道可为多种商品服务，资源利用实现最大化，这种方式比较有利于小微企业的生存和发展，它们可以在自身条件不具备的情况下利用社会整体资源与其他企业展开竞争，其实还需要法律、政策上的协调和保障，知识产权保护也是其中重要的一环。非常遗憾笔者还没有机会对这些企业、地区进行实地调研，感受不到在人财物的流动中，不同产业里知识产品所占的比重，希望国家层面能够组织进行大面积的调查研究，评估出具体的影响，给我们的深入研究和立法执法工作以参考。

（二）被保护的"自由"

在我们的印象中似乎还有一个概念，认为只要是被保护那就是好的，但是笔者认为在知识产权上给予保护不一定都有好的效果。

我国的《著作权法》除了保护作者的权利外，还明确规定保护与著作权有关的权益，这就包括了表演者的权利和录音、录像制品制作者的权利。1992 年 12 月 17 日，中国音乐著作权协会成立。2003 年 10 月中国背景音乐侵权第一案为音乐著作权协会起诉长安商场，要求就商场所播放音乐、歌曲的事实向该协会交费。2008 年年底，昆明市内 200

多家饭店集体停放背景音乐，抗议现行背景音乐版权的使用费收取模式。这是一种对音乐进行著作权集体管理的模式，即权利人授权著作权集体管理组织集中行使权利人的有关权利并以自己的名义：①向使用者收取使用费；②向权利人转付使用费；③订立著作权或与之有关的权利许可使用合同；④进行涉及著作权或与之有关的权利的诉讼、仲裁等。这种保护方式有其优越性，可以变个体诉讼为集体诉讼，有利于降低维权成本，增加维权成功率。但是我们也要看到，由于对商场、饭店等众多公共场所播放的背景音乐进行收费，这些场所为了降低经营成本已经基本停止播放处于版权保护期的音乐作品，这会间接导致难以产生比较有影响力的歌星，从而使实体音乐发展不足。根据国际唱片业协会2017年发布的数据显示，我国人均音乐消费只有0.15美元，相当多的人在音乐上未做任何消费，而日本人均音乐消费达21.67美元。

应该看到音乐是一个大的产业链，它所产生的经济效益不仅仅是版权，还有音乐演出、粉丝消费、版权合作等种类繁多的衍生产业。这些产业利润更高更加持久，但是它们与音乐作品和表演者的大范围推广是分不开的，如果音乐作品和表演者在潜在消费者中的影响力不够，后面这些衍生的消费就不大可能存在。反观我国早期涌现了许多脍炙人口的歌曲和极有影响力的歌星，而近年来似乎还是老一辈的歌曲和歌星占主导地位，新生力量很难出现，或者出现了影响力也不大，笔者以为这与全国上下一刀切的保护模式不无关系，歌曲的传播程度不够，相关市场也就很难培育起来。

知识产权保护是对知识产品的权益做保护，应当积极促进市场经济的繁荣。笔者认为对于知识产权的保护应该在一定程度一定地区实现被保护的"自由"。是否被保护，以什么形式进行保护，给予权利人差异化选择的自由以达到效益的最大化。例如，某歌星希望开辟广东市场，可以选择对广东地区的酒店、商场等公共场所免收使用费以鼓励播放；

某歌星推出新歌希望打响知名度，可以选择在全国范围内的公共场所免收 1 年的使用费；而某歌星已经全国知名且拥有成熟的市场，他可以选择全额全范围收取使用费。我国的国土面积是法国的 14 倍、德国的 26 倍，整个欧盟的 2 倍还要多，有 13 亿多人口和 56 个民族，横跨温带、亚热带和热带，地区发展极不平衡，对于不同的地区进行知识产权的区别化保护，有利于按照实际情况划分市场，实行差别化运营。

三、政府协助

（一）政府协助知识产权保护的必要性

随着信息化社会的到来，社会财富的产生方式越来越多元化，无数过去已有的地名、风景、民间艺术成为商标、品牌、商品行走四方，无数新的医药、设备、装置被研发出来进入千家万户，在这些财富的创造过程中不可避免地产生了许多摩擦和冲突。我国建设法治社会要求依法治国，但是我们知道公民维权是需要社会成本的，如时间、金钱等。我们希望依法办事，但是并不希望每件事都由律师、法官解决，这就对我们的国家、我们的政府提出了新的、更高的要求：一方面能够依法保护每个公民的合法权益，另一方面不动用法律手段却能合法地解决摩擦纠纷——这很矛盾，但是也很现实。

法律是由国家制定认可的、全社会普遍遵守的社会规范，严格的诞生程序使得它经过了众多利益团体的协商，是一种相对公平的社会规范，最大限度地照顾到了个人和集体的利益，只有每个公民的合法权益都受到来自国家和政府的法律保护，政府与公民之间、公民与公民之间才能达到平衡，获得一种共同发展的理想状态。不同的法律保护获得方式需要不同的社会成本，例如，直接参与诉讼维权要面临调查、取证、上庭、律师费、诉讼费以及各种情感上的压力，这都是维权成本，对于公民个体的生活而言是一种不能漠视的影响。我们当然想让生活更简单些，因此希望政府的工作能够既让我们合法地获得法律保护，又尽量少地卷入诉讼之中，这就需要政府一方面做好普法工作，另一方面做好权益保护的辅助、引导工作。

（二）关于政府协助的一点设想

1. 灵活的地方政策

我国是人民民主专政的社会主义国家，采取单一制的国家形式，国家由若干普通行政单位或自治单位、特别行政区等组成，各组成单位都是国家不可分割的一部分。全国只有一部宪法，一个中央国家机关体系，各行政单位或自治单位均受中央政府统一领导，为了调动地方的积极性、加强地方建设，中央以法律形式授予各行政单位或自治单位一定的权利，可以在法律规定的权限内制定地方性的法律法规和方针政策。笔者建议为了更好地适应本地区的经济发展需要，在知识产权法还未齐备且法理上还存在很多争议的情况下，是否可以以地方性法律法规和方针政策的形式对本地区范围内的知识产品进行保护，通过知识产权保护进行社会资源的有效调配。

例如，云南省为了吸引科技企业投资，是否可以制定法规或政策规定对本省境内的科技企业进行技术保护，保护技术投资，打击假冒、伪造，规定技术投资在企业利润的分配中不低于一定的比例等方式保证知识产权人的利益。贵州省为了发展本地区苗医苗药、促进地区医药企业升级换代，计划建设民族医药产业基地，是否可以制定法规或政策规定，本地区内个人或医药企业申请与苗医苗药相关的发明专利、外观设计等由政府补贴申请费、印刷费、实审费、登记费、印花税费及三年年费。

2. 共有财产权

我们知道由于知识产品的非物质性，知识产权的主体资格要想得到确认，获得法律保护，国家的授权行为是必经程序，为了使知识产品尽可能地进入法律保护的范畴，知识产权中的财产权部分可以有条件共享。例如，某地区为推动科技创新，对于本地区经济存在困难的发明人可以采取事前签订合同的方式，由政府和发明人共享财产权，或由企业和发明人共享财产权的方式，由政府或企业出资协助发明人进行专利申请和维护，合同期满专利人可以以约定的价格赎回该财产权，也可以放弃或续约。合同期内的财产收益按照合同约定在财产权共享人之间进行分配。

当然在这里有一个问题：我们的政府能不能有商业收入？我国建设法治社会就要求政府退出公共领域，不再参与经营活动，不得与民争利，但是这不等于要政府放弃管理社会的责任，笔者认为这与我国政府向低收入群体提供保障性住房比较相似。保障房是由政府向中低收入者且住房困难的家庭提供限定价格、租金、标准的住房，日本、新加坡等国都有类似的政策来帮助那些单纯依靠市场解决住房有困难的群体，在我国保障房包括政策性租赁住房、廉租住房、经济适用住房、定向安置房等，政府和群众对此都持积极态度。笔者认为，相当一部分的小发明小创造来源于民间，有一定的市场，但是发明人可能缺乏进入市场的资本，这种情况下政府与发明人按照合同共享知识产权的财产权，有助于帮助他们克服早期的资金困难。并不是每一个发明创造最后都会转化为财富，在政府扶持的过程中可能出现专利不被市场接受导致政府帮扶资金流失的情况，那么另外那部分被市场接受了的知识产品所带来的收益就可以对此进行弥补，以保持政府扶持工作的延续性，资金的运行方式可以参考我国的助学金制度。

3. 知识产权交易市场

在知识产品转化的过程中还存在一个问题：许多知识产权权利人就是发明人，他们往往整日埋头科研工作，既不懂得权利保护又不懂市场运作，导致许多发明成果高束之、诡藏之，并没有转化为生产力发挥应有的作用；又或者虽然进入了市场，但是并没有得到应有的回报，严重削弱了发明人的工作动力，而同时市场上有大量的闲置资本却在苦苦寻求投资项目。笔者建议由知识产权局定期组织相关知识产权交易市场，协助知识产品的转化。该交易市场可以分为生物、电子、机械、文字、图案等多个类别，以方便资本进入，在交易的过程中政府部门可以提供法律、政策上的帮助和支持，协助知识产品与资本进行对接，平等地给予所有的创造者一个展示的平台，一个发展的机会，不管是企业还是个人，不管是深耕多年还是初出茅庐，不管是专家学者还是无名之辈。

结　语

我国自 1949 年成立以来，几代人筚路蓝缕、励精图治，从中华人民共和国成立前贫穷积弱的飘摇之态发展为现如今政局稳定、经济高速发展、外交活跃的鼎盛局面，经济上也由以前的照搬借鉴转变为提倡自主创新、掌握发展话语权，知识产权保护可谓正逢其时，相信随着相关法律法规的落实和完善必将为我国的经济发展注入新的活力。法对社会生活的作用是全面且深刻的，它对社会的物质文明建设和精神文明建设具有直接和间接的促进和推动作用，对知识产权权利的给予和保护往往带来社会利益和个人利益的改变。当前我国大力提倡发展科技创新，智力成果层出不穷，而知识产品所独有的特性决定了知识产权不仅需要来自法律的保护，也需要政府的政策推进。

第三章　新时代刑法理论问题研究

　　随着我国信息化和法治化建设的不断推进，目前改革已经进入深水区，伴随着我国政治、经济、文化的巨大进步，也不可避免地产生了一系列的社会问题，这其中有一部分涉及刑法所调整的范畴，新的时代背景下如何面对这些新的社会问题，向我们的刑法理论研究工作提出了挑战。我国的法律体系尚未完备，刑法应当如何发展并为当前如火如荼的信息化与法治化建设做出应有的贡献，本章就此结合我国的国情进行分析研究。

第一节　研究刑法理论问题的意义

　　1978 年 12 月，十一届三中全会在北京胜利召开，由此，中国开始实行对内改革、对外开放的政策。改革开放作为我国的一项基本国策建立了社会主义市场经济体制，使中国发生了翻天覆地的变化。当下，"我国已进入改革发展的关键时期，经济体制深刻变革，社会结构深刻变动，利益格局深刻调整，思想观念深刻变化"。2014 年 10 月，中国共产党第十八届中央委员会第四次全体会议首次专题讨论依法治国问题。10 月 28 日，《中共中央关于全面推进依法治国若干重大问题的决定》发布。全面深化改革和全面依法治国如车之两轮、鸟之双翼，相辅相成、相互促进，在这个大背景下，法律尤其是刑法如何既维护社会稳定又保障改革活力是每个法律人都要面对的重大课题。刑法作为其他部门法的保护法具有调整范围更为广泛、强制性最为严厉的特点，是其他部门法得以顺利贯彻实施的后盾和保障，然而在司法实践中常常存在不作为和乱作为的问题，据此，笔者认为刑法研究当前应当首要解决两个问题：一是做什么，二是怎么做。

第二节 依法治国对刑法理论研究的要求分析

一、依法治国是我国的基本治国方略

依法治国即依照体现人民意志和社会发展规律的法律治理国家，要求国家的政治、经济运作、社会各方面的活动全部依照法律进行，不得受任何个人意志的干预、阻碍或破坏。依法治国作为我国的基本治国方略，是发展社会主义市场经济的客观需要，也是国家长治久安的必要保障，在我国具有全局性、整体性、目的性和长期性的特点。

首先，我国的政治、经济、文化及社会生活的各个方面应该由法律

调整的都要实现法制化，依法治国既要"治民"，也要"治官"，更要"治权"，是执政党、国家机关、社会团体和广大公民的共同行为准则。其次，依法治国不仅仅是中央的事，更是从中央推向各级地方、各行各业和所有基层单位，涉及从立法到执法、司法、护法、守法、学法的系统工程。再次，它是以成为"法治国家"为目标，实现一种国家在政治和法律上的类型与模式，该类型与模式既有中国特色，又有现代法治国家的各种共同特征；既有自身的性质和客观规律可循，又有实践经验基础上的创新。最后，受我国政治、经济、文化条件的影响和制约，依法治国进而实现"法治国家"是一个长期的过程，要循序渐进，切不可操之过急。在此，笔者要指出的是，依法治国是要依照宪法这个治国安邦的总章程治理国家社会，行政法、民法、商法、刑法等部门法也应顺势而为，以逐步建立起完备的法律体系，使社会的方方面面都有法可依，多角度、分层次化解全面深化改革过程中所遇到的各种阻力和问题。

二、依法治国对刑法提出了更高的要求

（一）刑法的特点

刑法是规定犯罪、刑事责任和刑罚的法律，是掌握政权的统治阶级为了维护本阶级政治上的统治和经济上的利益，根据自己的意志，规定哪些行为是犯罪并应当负何种刑事责任，给予犯罪人何种刑事处罚的法律规范的总称。刑法具有以下性质：①规制内容的特定性；②制裁手段的严厉性；③法益保护的广泛性；④处罚范围的不完整性；⑤部门法律的补充性；⑥其他法律的保障性。与其他部门法相比，刑法调整的社会关系的主体既有平等的，也有不平等的，但是刑法并不针对所有，而是

只调整具有特殊重要性的社会关系。因此，有学者指出："法律体系是以宪法为指导、以部门法为主干、以刑法为保障的内部严谨、外部协调一致、相互有机联系的法律规范的整体"。"刑法在根本上与其说是一种特别的法律，还不如说是其他一切法律的制裁力量。"

（二）依法治国对刑法提出了更高的要求

当代中国社会存在九大热点问题：腐败问题、三农问题、下岗失业问题、贫富差距问题、人口生态问题、社会犯罪问题、教育危机问题、道德失范问题和婚姻家庭问题。这是我国改革开放三十多年来，伴随着社会的进步和发展同时产生的。如何在促进社会经济发展的同时，协调社会关系、规范社会行为、解决社会问题、化解社会矛盾、促进社会公正、应对社会风险、维护社会和谐，成为摆在我们面前不得不解决的难题。应该说我国的法治建设还存在许多不适应、不符合的问题，这一点在刑法实践中尤为突出。例如，一旦社会出现某种乱象，国家总是不自禁地动用刑法进行治理，老百姓也总是要求刑法介入。乱作为和不作为的后果相较于其他领域在刑法实践中因其制裁手段的严厉性而对社会的影响更加深远。依法治国要求我国的政治、经济、文化及社会生活的各个方面应该由法律调整的都要实现法治化，运用法律手段分层次、多角度地化解社会问题，这对刑法也提出了更高的要求，如刑法与其他部门法如何衔接、刑法如何在实践中规范自身等，在此，笔者提出，当下刑法研究应该首先解决两个问题：做什么和怎么做。

第三节 刑法研究应该解决的两个问题

一、做什么

（一）社会管理中刑法不当介入

从广义上讲，社会管理是由社会成员组成专门机构对社会的经济、政治和文化事务进行的统筹管理，基本任务包括协调社会关系、规范社会行为、解决社会问题、化解社会矛盾等。在我国的社会管理中存在刑法介入不当的问题，具体分为两个方面：一方面不该刑法介入的介入了。例如，近年经常见诸报纸网络的拆迁征地事件，有些连行政手续都没有走完就组织包括公安在内的联合执法队伍进行强拆；公民之间简单的经济纠纷不走民事诉讼而是直接当作刑事案件来办，由公安机关冻结资产、羁押当事人等，导致事态升级，恶化了执法机关的形象，也降低了群众对政府管理社会方式方法的信任。另一方面该刑法介入的不介入。公检法为了提高破案率、结案率，又或者对出现的复杂案件、新型犯罪为避免出错采取回避态度常常选择性立案，使得一些社会矛盾得不到合法有效的解决。社会治理既不能过度刑法化，将刑法之手不适当地伸向民事经济领域，也不能去刑法化，将本该由刑法解决的问题推向其他法规的范畴，刑法应该遵守与其他法律、社会规范的界限，发挥其合理功能。

（二）党、国家和政府是公民唯一的保护伞

改革开放以前我国完全实行计划经济体制，建立和兴办了一些与企业生产经营没有直接联系的机构和设施，承担了产前产后服务和职工生活、福利、社会保障等社会职能。一个公民一生的所有问题，如医疗、住房、子女入学就业等基本上都可以通过单位解决，公民之间有了纠纷通常也是首先由单位内部协调解决，事态严重的再由单位移交司法机关，这种情况目前在政府机关和事业单位仍然存在。同时，由于我国实行的是户籍管理制度，在计划经济体制下人口流动很小，族群聚居现象十分普遍，尤其是农村，往往一个村就是一个家族，在没有单位的情况下很多社会纠纷会由家族出面解决。长期的计划体制使得公民在处于纠纷之中时习惯做两个选择：一是找单位；二是找老乡、找亲戚、找朋友。一个公民可能一生也不会直接与法律机构打交道，相关事务都由"单位"或"家族"出面解决。实际上"单位"和"家族"取代了一部分法律机构的职能，社会的法律意识和法律实践是滞后于社会本身的发展的。同时由于个人问题是以"单位"或"家族"的形式呈现，为维护自身名誉，在某些情况下"单位"或"家族"还会干扰法律机构办案，这也是我国司法不独立的历史原因之一。

历经30多年的改革开放，我国经济结构发生重大变化：①以公有制为主体、多种所有制经济成分共同发展的局面基本形成。②城乡结构发生显著变化，城镇化水平大大提高。③社会组织形态发生了新的变化，就业方式日趋灵活，产生了技术人员、个体户、私营企业主、自由职业者等新的社会阶层。我们可以看到以前企业办社会的现象逐渐减少，族群聚居的现象慢慢被打破，越来越多的"单位人""自家人"变成了"社会人""自由人"。人口流动日益频繁，"单位"和"家族"在社会管理中的涉法作用正在逐渐消退，以前求助于其获得保护的生活

方式不再适应社会需要。以北上广为例，那里拥有来自全国各阶层的自由职业者，从新疆到海南，从卖菜小贩到 IT 精英，他们脱离了原有的生活环境，没有"家族"保护，所从事的工作也未必能带来"单位"保护，如果法律的保护不能跟上，必将导致社会管理真空进而带来严重的社会问题。当一个公民以一个个体的形式呈现在社会面前的时候，党、国家和政府是他唯一的保护伞，而法律成为维护社会公平正义的利器。如果党、国家和政府不能迅速填补由于社会经济体制转轨导致的社会管理真空，将会有别的势力乘虚而入，如邪教、黑社会等，还会滋生贪污和腐败。依法治国时不我待，刑法应当迅速厘清与其他法律之间的关系，做好彼此之间的衔接工作，以使公检法司等相关法律机构发挥更大的作用。

（三）当为而为

刑法研究做什么就是要从法理上搞清楚社会生活中什么情况涉及刑法，应该由相关机构介入，什么情况不涉及刑法，相关机构不应该介入。

刑法区别于其他法律从其性质上可以表现出来：①规制内容的特定性，即刑法禁止的是犯罪行为，而其他法律规定的是一般违法行为及其法律后果。②制裁手段的严厉性。一般部门法对一般违法行为也适用强制方法，如赔偿损失、警告、行政拘留等。刑法规定的法律后果主要是刑罚，是国家最严厉的强制方法，包括剥夺人的自由、生命等。③法益保护的广泛性。一般部门法都只是调整和保护某一方面的社会关系，如婚姻法仅调整和保护婚姻家庭关系。刑法保护人身、财产、婚姻、社会秩序等多方面法益，可以说一般部门法所保护的法益，刑法都要予以保护。④处罚范围的不完整性。刑法是保护法益的最后手段，首先，并未将所有侵害法益的行为规定为犯罪，只将部分严重侵害法益的行为规定为犯罪。其次，由于刑事政策和成文法局限性，一些严重侵害法益的行为也可能未被规定为犯罪。⑤部门法律的补充性。只有当一般部门法不能充分保护，法益才由刑法保护；只有当一般部门法不足以抑制的危害行为才由刑法禁止。⑥其他法律的保障性。刑法与其他部门法都是处于宪法之下的子法，但并非并列关系，刑法保障宪法与其他部门法的实施。刑事制裁既是人类自由的重要保障，也是人类自由的主要威胁，运用刑事手段要慎之又慎。笔者认为应该从以上几点进行判断，只有有可能涉及犯罪的才能由刑法介入。

另外，笔者还想对一种现象进行讨论。众所周知，"110"报警电话任务繁重，但是其接到的非警务电话占很大一部分。例如，汽车在路上没有油了，打"110"让警察解决，"夫妻吵架，被关在门外，请民警来做说明工作"，"忘带钥匙，请民警开门"等不胜枚举。以"忘带钥匙，请民警开门"为例，这种事情真的该警察来处理吗？如果凡是忘带钥匙进不了家门的都由警察来开门，警察忙得过来吗？附近锁匠估计都要失业了。良好的警民关系应该以保护公民合法权益、维护社会正义公平来维系。在此笔者想说：有犯罪找警察，遏制犯罪用刑法。

二、怎么做

（一）办案不规范现象普遍存在

世界各国，不论政治制度、文明程度还是经济水平有何不同，法律实务部门普遍都存在办案不规范的现象。以美国为例——美国法律并未规定对警察执法过程予以严格监督，因此人们很难采集实证证实警察过度执法。近年美国警察射杀民众事件频发，据《华盛顿邮报》报道，仅 2015 年前 5 个月，至少已有 385 人死于警察枪下，平均每天超过 2

人遭遇枪击。我国的办案不规范主要体现在立案、结案随意性大；证据的获得、使用随意性大；非法律干扰因素较多等方面（这里的非法律干扰因素既有来自政府部门的压力，也有来自社会舆论的影响）。不规范办案导致公众对法律缺乏敬畏之心，当自身权益受到侵害时不是寻求法律的保护，而是想方设法钻法律的空子，这是司法腐败产生的原因之一，也是近年来民意先锋操纵民意干扰司法的原因之一。

（二）产生这种现象的原因

办案不规范究其原因主要有以下三点：①立法不完善；②司法、执法未严格遵守相关法规；③监督机制不健全。以网络反腐为例进行说明：先是网民借助网络发帖进行举报，其内容多为视频、照片配以文字说明，然后信息不断传播受到舆论关注，最后有关部门介入调查。为什么正常的案件不走法定程序，而是要从网络煽起民意，再由民意倒逼法律的实施呢？首先就是立法不完善，随着手机、摄像机等电子产品的普及，公民很容易获得电子照片、视频等电子证据，但我国法律对于电子证据的获得和使用还处于摸索阶段，公民个人采集的视频和照片虽然对事件有一定的说明作用，但是很难在法律上被采信，当事人往往只能采取将其放到网上煽动民意，再由民意倒逼相关执法机构收集可以被法庭采纳的证据以获得有利的判决。其次由于腐败案件多涉及拥有社会资源者，部分司法、执法机构未严格遵守相关法规对其进行查办，公民求诉无门。最后，监督乏力致使我们在立法、执法、司法中出现的偏差不能得到及时有力的纠正。

（三）规范办案利国利民

我国的改革现在已经进入深水区，涉及经济体制改革、行政管理体制改革、行政执法体制改革、司法体制改革和社会管理体制改革，但是改革不是乱改，要有稳定性和规范性，法治就起到一个规范作用，那么法律包括刑法本身就应该是规范的，公检法司等相关法律实务部门都应该照章办事。首先，罪刑法定是刑法的基本原则，即"法无明文规定不为罪""法无明文规定不处罚"，因此完善的法典是规范办案的第一步。其次，公检法司等相关法律实务部门必须照章办事。笔者建议对于进入法律程序的案件应采取多种形式的公开，以便事后检查。例如，法院审理案件可将进展在网上公开，公安出警应将请求者和案件情况记录在案，不符合出警条件的，不论是政府还是个人皆不可随意动用警力以免公器私用，对于出警请求人应以相关法规说明不出警的理由。信息公开也许会给某些案件的处理带来困难，但是与信息不公开可能导致的违规办案、司法腐败相比，信息公开更加利国利民。最后，应该加强监督。不论是哪一种政体或社会制度，笔者认为其法治的发展很大程度上取决于监督机制的好坏，我们经常所说的三权分立，其核心就是解决了监督问题。中华人民共和国已经成立 60 多年，基本的政治制度、经济制度、社会制度、管理制度和法律制度都已经固定了，不可能另起炉灶，改革和依法治国只能在现有体制下进行，否则社会就会乱套。按照我国的宪政制度，不可能从体制上做到司法完全独立，但是只要我们能很好地解决监督机制的问题就可以在实质上实现司法独立。笔者建议在现有监督机制之下可以通过信息公开引进公民监督。人民群众的力量在抗日战争和解放战争中都起到过巨大的作用，我国是人民群众当家做主，如果能引进公民监督并顺畅"民告官"的法律机制，将使权力滥用置身于人民群众的汪洋大海之中无所遁形。

结　语

"民不患多寡而患不公",而刑法是维护社会公平正义强有力的武器,解决好"做什么""怎么做"的问题有助于我们从纷繁的工作中理出头绪,为法律事务工作确立一个最基本的评判标准,为深入发展打下坚实的基础。

依法治国任重而道远,刑法研究浩瀚无垠,我相信,只要我们立足当下,脚踏实地地做好每一件事,建设法治国家的美好愿望一定会早日实现。

第四章 计算机犯罪与 刑罚问题研究

　　随着社会信息化建设脚步的加快，计算机及其技术的应用范围越来越广，传统犯罪的计算机化和新型计算机犯罪的出现成为当今社会发展中必须面对的难题。计算机犯罪是信息时代的毒瘤，严重威胁到社会生活秩序。在当今信息化时代，计算机犯罪可以通过点击鼠标简单地实行远程操控，由于国内外在理论研究方面还有许多难点未曾破解，以及我们在立法、执法上的许多不足，计算机犯罪的司法遏制力量还显得特别薄弱，罪而不罚的现象比比皆是，刑罚真空不仅无法遏制犯罪，还会影响我们的社会信息化与法治化建设。本章针对计算机犯罪造成的经济危害和社会危害进行刑罚研究，以期提高我国相关法律、法规的可操作性，为我国的信息化和法治化建设保驾护航。

第一节　研究计算机犯罪刑罚问题的意义

　　随着科学技术的突飞猛进，计算机网络化已经成为时代的发展趋势。作为一种先进的生产力工具，计算机对人类社会的冲击，无论从广度还是从深度来说都是极其巨大的。在全球日益计算机化、网络化的今天，政治、军事机密和社会财富将高度集中在计算机里，运行在网络上；社会职能、职责的履行和日常事务性管理，越来越多地依靠计算机及其网络进行。原信息产业部部长吴基传曾指出："计算机互联网涉及社会经济生活各个领域，并直接与世界相连，可以说是国家的一个政治关口，一条经济命脉。"但是，相对于计算机技术水平的突飞猛进而言，现有针对计算机犯罪的司法遏制力量就显得相当薄弱。计算机犯罪或涉及计算机技术犯罪案件的侦查审理、定罪量刑都是比较头痛的问题，也是司法机关在社会的信息化建设中面临的一项严峻挑战。

　　计算机犯罪高科技的特点使其难发现、难捕捉、难取证、难定性，目前侦查队伍在警力、技术方面还远远跟不上形势的需要，司法人员的素质也离专业化的要求相去甚远，预防、研究方面还存在许多空白，完善计算机领域的法律、法规仍然任重而道远。大陆法系国家奉行自由采用和自由衡量的自由心证制度，笔者认为目前关键在于所列的条款要有针对性和可操作性，给相关司法工作以切实可行的引导，因此如何使得针对计算机犯罪的刑罚量化，使之更具操作性就成为一个很好的途径。

第二节　计算机犯罪刑罚现状分析

一、计算机犯罪的刑罚"真空"

长期以来，人们设计计算机的目标主要是追求信息处理功能的提高和生产成本的降低，而对于安全问题则重视不够。计算机系统的组成和计算机网络的管理都存在不少漏洞和薄弱环节，加之司法滞后使得计算机及其网络成了滋生犯罪的温床，不仅传统犯罪利用计算机及其网络作为犯罪工具、场所，而且还产生了全新的犯罪种类——计算机犯罪，如非法入侵计算机系统罪等。计算机犯罪或涉及计算机犯罪案件具有时空一体性的特征，即远隔千里实施犯罪与近在咫尺犯罪一样，犯罪跨越省界、国界、洲界都是极其容易做到的，取证认证、定罪量刑方面还存在许多空白，相较于犯罪现状而言，目前世界各国的司法遏制力量相当薄弱，尤其是对罪犯的处罚严重缺位。

1999 年 4 月 26 日，台湾大同工学院学生陈盈豪设计的"CIH"病毒爆发，造成国内 36 万余台计算机损坏，损失高达 10 多亿元。2000 年 4 月 26 日，潜伏近一年的 CIH 病毒又使我国数千台计算机系统遭到破坏。但是，检察当局确定陈盈豪为无心之失，对其免于起诉，而陈盈豪本人因这次网上袭击一鸣惊人，被美国电脑商虎网公司聘请为工程师从事研发工作。

2000 年 5 月福建省泉州市联盛公司及其总经理施清体起诉仕达斯公司、郑明辉，因被告网络发帖导致其社会评价降低、名誉受损，6 家公司要求与其解除合同，直接利润损失达 314.67 万元。法院判决被告 10 日内删除全部文章，登报致歉声明，并赔偿原告联盛公司经济损失 1 万元，施清体精神损害损失 5000 元。

以上这两个典型的案例代表了目前大多数计算机犯罪处罚的现状——危害大，处罚轻！在计算机犯罪或涉及计算机犯罪的案件中，经济损失与社会危害后果往往十分严重，但是难以从法律上进行认定，严重的犯罪结果并没有严厉的刑罚与之相对应，达不到惩前毖后的效果。并且这种高科技犯罪是一种"文明"的犯罪，低的处罚率和处罚力度更加导致了行为人大多无罪恶感，一些人甚至模仿这种高技术的犯罪来展示能力，谋求更好的"发展"，这对建立网络道德文化，遏制网络犯罪无疑产生了极坏的负面作用。

计算机犯罪具有专业性、业务性、复杂性、隐蔽性、远程作案性、社会潜在危害性这几个特点，侦查与取证的高技术性与司法诉讼和审判上的困难导致我国计算机犯罪的犯罪黑数与犯罪成本成反比。巨大的犯罪黑数，意味着巨大的逃脱惩罚的可能性，则犯罪成本趋近于零。根据犯罪饱和理论，一定社会的犯罪资源是有限的，潜在的犯罪群体通过衡量犯罪所得的利益和可能付出的成本，在全社会范围内分配其犯罪资源。网络犯罪巨大的效益和计算机犯罪的刑罚"真空"会使犯罪资源日益集中于此，间接刺激了相关犯罪的增长，因此强化刑罚的可操作性，使其罚当其罪迫在眉睫。

二、计算机犯罪刑罚"真空"产生的原因

计算机技术是进行计算机硬件系统设计、制造和软件开发并使其应用于各领域的新兴技术，它是信息社会的核心，也是实现现代化的关键技术之一。计算机及其技术改变了我们的工作生活，促进了科技发展，

甚至影响到各国综合国力的对比，是人们竞相发展的重要技术领域。客观地说，计算机技术是第二次世界大战以来发展最快、影响最为深远的新兴学科之一。

目前计算机发展的趋势呈现两极分化：一方面向小型、廉价发展进入千家万户；另一方面向高速、大型发展，运用于军工和科技领域。计算机技术的发展遵循"摩尔定律"，是一个不断更新和淘汰的过程：半导体芯片集成度每 18 个月翻一番，与之并行的处理技术使计算能力每两年提高一个数量级。每次计算机技术的更新都必然带来更强有力的应用变革，以电子证据中的音频为例：磁带式录音机取代了老式磁片留声机后很快又被 MP3 取代，而 MP3 很快又被 MP4、MP5 取代，MP3 的价格则从刚开始的动则上千元随着新技术产品的不断推出一路下降到几十元，今天 MP3 已经基本上退出市场，不再销售了。科技的飞速发展使音频的保留方式经历了从技术、材料、形式、名称等全方位完全彻底的变化。存储器、显示器、手机、相机等一系列设备也都在一次又一次的技术革新中产生巨变。

回顾整个计算机的发展历史，我们不难发现，计算机技术具有快速成长、更新和不断实现发展与突破的特点，计算机技术的发展方向和最新技术产品的发展具有相互反馈的良好进程，由此导致计算机犯罪的技术、方式、设备等也是日新月异。相比较而言，司法的发展速度就远远地落在了后面，对于证据的认定和采用、危害的评估、犯罪情节的定性定量等都产生了极大的困扰。法律的制定是一个严谨的过程，为了保证刑事政策的贯彻执行具有普适性和长效型，绝不能朝令夕改。但是，"法律总是具有一定程度的粗糙和不足，因为它必须在基于过去的同时着眼于未来，否则不能预见未来可能发生的全部情况。现代社会变化之快之大使刑法即使经常修改也赶不上它的速度"。当法律还停留在对某一计算机设备和技术的认识过程中时，全新的技术和设备又出现了，而且可能彻底颠覆过去的理解和认知，相关法条也许尚在讨论中就已经不适用了——计算机犯罪从立法、司法、执法等各个层面向法律提出了一个又一个难题。

（一）口袋法

我国的刑法中过多地使用了具有概括性、灵活性、不明确的弹性用语，如"情节严重""其他"等，在罪名的设置上采用了一些"口袋罪"，如以危险方法危害公共安全罪、重大责任事故罪等。这些抽象性的法律条文应用对象不具体、方式不明确、针对性不强，不利于提高司法人员的素质。现在一旦出现新的问题、新的情况，检察官和法官就不敢判、不敢办（如通过网络散播谣言引起社会混乱、造成严重后果的是否适应此法，法条没有明示），这不仅颠倒了司法规律，束缚了司法人员的裁量权，而且极易养成司法惰性，长此以往将严重影响计算机案件的办理，且不利于司法人员素质的提高。

由于计算机已经渐渐渗透到社会的每个领域，因此有些罪名应扩大其适用的领域；同时还应研究扩充新罪名，以避免现行法律无法跟上计算机犯罪的新发展，致使那些新出现的计算机犯罪行为无法可依。计算机的世界新生事物辈出，如果不将法条明确化并加强可操作性，等于潜在地将部分技术问题转嫁由检察官和法官来研判，提高了检察官和法官工作的技术门槛，这将加大司法公正的成本。

（二）含混不清的表述

就现有刑法而言，除了上文所述"口袋法"外，尚有为数不少的模糊的法律条文和用语，如"情节严重""情节恶劣"等，这些规定的不明确性容易形成司法实践对罪与非罪或者适用刑罚轻重的判案分歧。以量刑情节区分为例，我国刑法规定由轻到重依次分为五个等级：情节轻微，情节较轻，基本情节，"情节严重"或"情节恶劣"，"情节特别严重"或"情节特别恶劣"。这五个不同的量的等级区分了罪行轻重，进而决定了法定刑的轻重。客观事物的复杂性和人类认识能力的有限性决定了人们认识到的东西具有模糊性，而且立法语言本身的模糊、多义、简洁决定了其表达内容的模糊性。对于固有事物的裁判尚且经常存在争议，成为法庭争辩的焦点，计算机技术的不断革新又大大加剧了问题的复杂性。层出不穷的新设备、新技术其物理价值和社会功用时时刻刻都在发生变化，计算机犯罪涉及的量刑情节也难以恒定。以计算机局域网为例，不同的单位、不同的用途、不同的配置都将导致同一犯罪行为引起的危害性程度的不同，没有一个量的概念将使判定更加困难。笔者认为表述明确是法律规范、稳定的前提，也是让法律真正发挥功用的首要因素。

（三）涉外等关系处理不易

计算机网络具有异地通信的功能，这使得越来越多的计算机犯罪呈现跨国性和组织性特点。以公安部 2010 年挂牌督办的头号大案"11·30"电信诈骗专案为例，犯罪集团头目组织策划并出资在菲律宾、越南、柬埔寨设立拨打电话窝点，不法分子身居异地或在境外采用网络技术手段群发短信或拨打电话，网上转拨赃款地在中国台湾、菲律宾、泰国，提取赃款地在中国台湾、菲律宾及中国福建、广东、江苏、安徽、湖北、陕西，受害者几乎遍布全国。因案情复杂、涉及管辖地多，该案由公安部"11·30"专案指挥部统一协调，北京、黑龙江、福建、湖北、广东、广西、重庆、四川、云南等省及地区公安机关联手中国台湾、菲律宾警方展开同步打击行动，成功摧毁这个由台湾人组织操控的跨国、跨境的特大电信诈骗犯罪集团。

该案具有典型的计算机犯罪的时空一体化特征，即可在多地同时进行给侦办带来极大的难度。现实世界中跨地区、跨国界犯罪目标大、限制多、风险高致使犯罪分子转而利用网络实施犯罪，而计算机网络的无国界、无海关、无警察也在客观上助长了此类案件的增长。涉外计算机犯罪只有通过各国政府、司法部门，包括警察部门的互相合作，共同采取有力的措施预防和惩治犯罪，才能保证各国在同计算机犯罪做斗争的过程中掌握主动权。虽然近年来我国已签订一些刑事司法的双边协定，司法协助的范围也有了一些扩展，在有的双边协定中已将司法协助的范围从送达司法文书、听取当事人、嫌疑人的陈述、询问证人等扩展到刑事诉讼的移送管辖这类新形式的司法协助，但是由于各国司法体制和对计算机犯罪的认知不同，我国目前要在法律上对境外从事针对我国的计算机犯罪行为进行处理还比较困难。

（四）电子证据的认定

计算机技术的发展使得我们生活中的一些常见物品经常以一种颠覆我们认知的崭新的方式出现在我们面前。例如，数码相机的出现使得生活中常见的照片不再是印在特殊纸张上的彩色图片，而是保留在存储器内的一串看不见摸不着的数据，它可以通过显示器展示，也可以随意打印、复制、修改……这使得我们对原始证据的认定和证据的提取表现方式产生了巨大的认知冲击：首先，电子证据必须依附于存储介质而存在，电子证据的应用对信息设备有依赖性；其次，电子证据容易被修改、原始证据的提取和真伪鉴别难度较大，需要具有专业的取证设备和取证知识。

我国刑事诉讼法明文规定"证明案件真实情况的一切事实，都是证据"。近年来对于电子证据可以作为证据使用，法学理论界以及司法实务界均没有争议，但是对于电子证据的归类、法律地位以及相对应的证据鉴证规则仍处于理论讨论阶段。电子证据的判断需要计算机领域的相关专业知识，这在实践中给法官在证据的审定上带来较大的难度。

（五）犯罪低龄化

2000年，伦敦一个年仅16岁的男孩利用自己设计的"探测器"软件通过Internet网络成功监视了美国国防部。他窃取了数百个与其有来往的计算机用户名称、账号，监听美国情报和决策人员的有关通信，他甚至获得了美国战略核武器的情报以及美国五角大楼里的人事档案，并将这些绝密情报全部放在Internet网络上广为传播。同样，肆虐全球的"库尔尼科娃"病毒和"CIH"病毒的制作者也都是年仅十几岁的少年，但是他们利用计算机犯罪所造成的灾难性后果远非一般的计算机犯罪所能比拟的。

世界各国的学校教育都将计算机作为一项基本内容加以普及，造就了一大批精通计算机但法律知识还不健全的青少年，因此计算机犯罪的主体具有普遍化、低龄化、高科技和高智能相结合的特点。他们犯罪的目的可能很简单，有的是为了显示自己的能力，又或者仅仅是恶作剧，这些人往往年幼无知且没有前科，在法条没有明确量刑的情况下尽管后果严重，但是法官大多从轻处理或使其免于处罚。

我国《刑法》第十七条规定，已满16周岁的人犯罪，应当负刑事责任。已满14周岁不满16周岁的人，犯故意杀人、故意伤害致人重伤或者死亡、强奸、抢劫、贩卖毒品、放火、爆炸、投毒罪的，应当负刑事责任。可以看出计算机犯罪不在此列，再加上人们对于计算机犯罪危害评估的滞后使得对处于青少年时期的计算机犯罪者难以形成法律束缚，由此产生了一个计算机犯罪刑罚的真空地带。

从刑事责任的根据看，未成年人刑事责任年龄应由行为人刑事责任能力确定，现代青少年生理和智力发育加快，辨别是非善恶和控制自己的能力越来越强，其中相当一部分人对自己行为的法律意义、性质和后果已经有了初步了解,有些不仅知道杀人犯法,还知道因年龄不够不需要承担刑事责任。《少年司法最低限度标准规则》第五条的说明中明确指出,对犯罪的未成年人的刑罚"不仅应当根据违法行为的严重程度,而且也应根据本人的情况来对少年犯做出反应……应当确保对罪犯的情况和对违法行为,包括被害人的情况所做出的反应也要相称"。该规则明确了保护社会利益与保护未成年犯罪人的双向保护原则,是对未成年刑法立法与司法最重要的一项原则。我们对于涉及计算机犯罪的未成年人也应采取保障与保护相和谐统一的方式,绝不能放任不管,否则对青少年的健康成长、遏制网络犯罪无疑将产生极大的负面作用。

(六) 对网站等法人无处罚

随着因特网的迅猛发展和广泛应用、无线移动通信技术的成熟以及计算机处理能力的不断提高,新的业务和应用不断涌现,越来越多的企业为了商业利益或主动或被动地卷入计算机犯罪中来。以现在屡禁不止的网络贩黄为例,虽然目前禁止传播淫秽、色情等不良信息的法律法规、自律规范有很多,但网络上的淫秽、色情等不良信息依然大量存在。据统计,在全球所有网站中12%是色情网站,每39分钟就有一部新色情视频制作出来,在所有互联网下载中超过1/3都是色情作品(2014年4月统计数据),而我国互联网的使用人数已经达到7.51亿,其中学生群体占比仍然最高,为24.8%(2017年6月统计数据),他们的世界观、价值观尚未形成,自控能力相对较弱,极易受到毒害。

我国一直在大力整治网络贩黄,全国扫黄打非网发布的信息显示,2017年,我国"扫黄打非"部门共处置网上淫秽色情等有害信息455万条,关闭淫秽色情等各类有害网站12.8万个。但是只要我们接触互联网,依然容易受到色情网站的骚扰,网络贩黄为何屡禁不止?归根结底是以法人商业利益为中心的网络运营在其中起了决定性的作用。

非法色情网站作为内容提供的服务商（ICP），要实现商业利益必须租用网络服务商（ISP）的服务器，甚至要注册合法的网络域名，租用电信运营商的线路和短信服务接口。其收费方式主要为会员制，需通过信用卡或电信短信进行远程支付，若无电信运营商和金融机构为色情网站大开方便之门，利益链条必将断裂。正是通过这些有偿支付的商业活动建立起一个网络贩黄的利益链，一些合法集团参与瓜分非法收益，黑色收益方能逐渐漂白转化为一种高度的集团利益，可见打击法人犯罪是网络扫黄的关键。

法人是法律以假设的方法创造出来的权利义务主体，法人的权利能力和行为能力是法律所赋予的。法人实施的犯罪活动与其生产、经营、管理的职能活动直接相关，存在的范围一般限于经济领域及行政、社会管理领域。我国明确规定，法人（单位）犯罪的罪过形式大部分是故意犯罪，10 余种为过失犯罪，现行刑罚的法人犯罪处罚手段并没有体现出罪刑相适应的原则，相对于对自然人的刑罚来说显得不够平衡。自然人犯罪往往要以丧失人身自由甚至生命为代价，而某些比自然人犯罪危害性严重得多的法人犯罪却只能处以罚金这种财产刑，这在刑罚的配置上完全失去了平衡，违背了罪刑相适应原则，且相对于一个利益集团的巨额不法收入而言所处罚金几乎可以忽略不计，完全起不到遏制犯罪的作用。以本文所述网络贩黄为例，大的电信运营商和金融机构，本身就是国家利益的一部分。在面对部门利益、国家利益、公众利益之间的矛盾和对抗时，司法部门的执法往往无法真正执行下去。而这些利益团体在攫取了大批的非法财富之后居然毫发无损、全身而退，笔者认为法人犯罪的刑罚真空是计算机犯罪猖獗的根本原因之一。

法人的刑事责任应以社会经济秩序和经济结构的保护为目的，笔者建议在提高罚金刑额度的基础上是否可以永久性地或一定期间内限制法人的部分行为能力，如停止从事某种行业的资格或者剥夺荣誉和称号、判令从事社会公益事业等，增加法人犯罪的成本。

（七）技术人员的缺失

计算机犯罪发案率高而查证率低的关键性原因之一是刑事司法滞后，尤其是技术滞后，包括专业性技术人员尤其是专业性的基层司法人员严重缺乏。

按照规定计算机犯罪技术性证据的收集、扣押、记录人员，必须由通晓计算机的侦查人员和专业技术人员担任，应由 2~3 人组成，计算机科技知识与侦查经验的结合，对于正确地侦查、扣押、保存计算机犯罪证据起着至关重要的作用。但是随着科学技术的发展，利用现代科技手段实施犯罪的现象不断增多，加之犯罪形态的日益多样化和证据载体的多样化，司法机关无论从人力还是从硬件上都远远不能满足审理此类案件的实际需要。司法机关承担着维护社会和谐稳定的工作，广大一线干警长期超负荷运转，平均每名中国警察要管理1100人以上。以拥有743万人口的纽约市为例，其城市警察约为 5 万名（不包括联邦警察），而同样人口的我国深圳却仅有公安民警11 730名。在工作任务加重而警力不足的情况下抽出大批警力长期专门研究计算机技术并不现实，目前侦查队伍在警力、技术方面已远远跟不上形势的需要。因此，现实中的许多计算机犯罪若非数额巨大、后果严重，往往因为基层部门取证难等技术原因而不予立案，间接导致了计算机犯罪案件的增长。笔者认为计算机犯罪侦查，应该由包含司法系统内或司法系统外的计算机专家参与和协助，这是由计算机犯罪的高科技属性和司法人员的工作要求共同决定的。另外，对于确实没有技术力量办理计算机犯罪案件的实务部门，可以制定一定的案件转交机制，将案件转交给具备办理此类案件的上级部门或其他同级部门，力求做到违法必究。

(八) 法官对于计算机知识的匮乏

我国立法一般不对各种证据材料是否具有证据资格、能否作为法庭证明的证据使用做出具体的规定，而是授权法官根据具体的情况自行取舍。但是我国刑法对犯罪与刑罚的规定概括而抽象，法定刑的规定也比较粗疏，具有较大的弹性。现实中，犯罪与量刑总是以个别的、具体的形式出现，尤其是计算机犯罪，受到计算机技术飞速发展的影响，相同的犯罪方式在不同的客观条件下可能会导致完全不同的结果。计算机犯罪的复杂性对法官自身的政治态度、认识能力和业务素质提出了很高的要求。法官可能会依据个人的经验判断案情，也可能会忽略案件中的实质问题或者过分相信传闻证据的内容，从而导致量刑结果的严重失衡。

由于计算机犯罪的高科技化、复杂化，司法人员的素质也离专业化的要求相去甚远，目前在世界各国普遍都存在对计算机犯罪轻判或免于处罚的情况。笔者认为法官不同于侦查人员，不必要求他们掌握计算机技术亲自进行电子证据的取证工作，他们主要的工作难点在于对案情的分析和证据的使用，因此要从立法层面给予技术支持，给予法官足够多的有效信息以提高其研判的能力。

(九) 罪刑法定的错误理解

罪刑法定原则是刑法的基本原则，是指认定犯罪和给予处罚，必须先要有法律的明文规定，如果法律没有规定，即使行为危害很大，也不能认定犯罪和给予处罚。我国《刑法》第三条明文规定："法律明文规定为犯罪行为的，依照法律定罪处罚；法律没有明文规定为犯罪行为的，不得定罪处罚。"我国刑法规定了罪刑法定原则，取消了类推制度，因此要准确判定某一行为是否构成犯罪，以及构成什么具体的罪名，必须严格按照刑法分则中关于构成该罪的条件去衡量，只有完全符合该罪的构成要件才能认定该罪成立。

罪刑法定原则在中国的适用具有积极的一面，"法律明文规定为犯罪行为的，依照法律定罪处罚"强调了刑法惩治犯罪的积极扩张功能，强调必须严格按照刑法规定惩罚犯罪，完成刑法保护社会的任务。但是，它也有其消极的一面，"法律没有明文规定为犯罪行为的，不得定罪处罚"限制了国家刑罚权的价值和功能。因此司法实践中存在着比较严重的罪刑法定原则教条化问题，似乎罪刑法定就是刑法怎么规定就怎么办，如果刑法字面上规定不明确则认为所涉案件不能办、不敢办，否则，就违背了罪刑法定原则。计算机犯罪因其技术更新快，新产品、新名词层出不穷，国际上对于计算机犯罪已有共识，但是尚比较粗浅，对于罪名的细致化设定、电子证据的鉴别和使用等都还有很多争议，已经明确写入法条且可以在司法实践中引用的还很少。我国计算机的运用起步较晚，计算机网络的普及程度亦无法与发达国家相比，因此相关立法更是滞后；另外我国采用的是大陆法系，这更加重了罪刑法定原则因立法滞后而带来的问题。

面对计算机产品所带来的实实在在的法律问题，笔者认为刑法存在的意义在于打击犯罪，最大限度地保护人民利益，面对愈演愈烈的计算机犯罪我们要考虑的不是慎用刑罚，而是适用刑罚的妥当性。在法律规定不明确或者只做出概括性规定时，一方面应当允许司法机关依据具体案件事实对刑法条文做出宽泛的解释，只要这种解释与刑法基本意思不相违背，都应被认为是符合罪刑法定原则的；另一方面要换一个角度考虑问题，不再纠结于某一具体电子产品名称的法律地位，用法律名词去追赶计算机技术的发展，而是以犯罪危害的量来评估罪行，加强计算机犯罪与现有法条的衔接紧密度，使之操作性更强。

（十）缺乏正确的认识

网络空间道德体系不健全，公众对于计算机犯罪危害社会和他人的本质缺乏正确认识也是诱发计算机犯罪的重要原因。

首先，计算机犯罪表面上无暴力行为和危险状态，犯罪者的作案时间往往极短，可能轻击几下键盘便完成了犯罪行为，有些犯罪行为对计算机及网络硬件、信息载体可能不造成任何损害，其行为不留任何痕迹，对于因资料泄露、系统破坏、黄毒蔓延等计算机的危害后果明显滞后，评估起来也比较困难。其次，网络犯罪的被害人大多是国家、企业等大型组织，一般不直接针对公众，这使得网络犯罪的严重危害性在一定程度上被遮蔽了。另外这种高科技犯罪是一种"文明"的犯罪，犯罪主体多为具有较高科技知识的年轻人，他们并无明确的作案动机，案发后往往免于处罚，甚至有些还像台湾"CIH病毒"的制造者陈盈豪那样"一举成名天下知"，使得一些人对网络犯罪怀有羡慕赞叹之情。

立法不仅是为了惩治犯罪，还是为了表明立场。例如，我国的《反分裂法》清楚地向全世界宣布了我国对于分裂国家行为的态度，使公众对于各种分裂行为的违法性有一个清晰的认识，加强社会自我约束、自我防范的能力。笔者认为遏制计算机犯罪也需要一个良好的社会环境，需要公众的共同努力，我们一方面要加强立法、执法工作，另一方面要积极做好普法工作，完善网络空间道德和相关法律的建设，通过惩罚教育罪犯、改造罪犯、宣传教育，最终实现预防犯罪、消灭犯罪的目的。

第三节　计算机犯罪刑罚量化方案

司法实践中通常所称的"立案标准"是指构成犯罪客观方面所要求达到的数额或者情节的界限。量刑，是指人民法院对被告人裁量决定刑罚的活动，即人民法院根据犯罪的事实、犯罪性质、犯罪情节和对社会的危害程度，根据刑法决定对被告人的刑罚。

我国刑法是按照犯罪客体对犯罪行为进行分类的，同一犯罪行为可能分散在若干不同罪名中，我国至今尚未制定出系统、专业、适用的计算机犯罪方面的法律法规，且现行的认定标准过于原则和笼统，缺乏可操作性。我国法律持二元犯罪观，将违法和犯罪进行区分，一般的违法行为以危害治安的性质来处理，严重的违法行为才用刑法来处理。例如，我国《刑法》第二百八十六条中明确规定，破坏计算机信息系统必须是后果严重的才构成犯罪。"后果严重"是构成破坏计算机信息系统罪客观方面的必要条件，至于何种后果才达到法律所要求的严重程度，《刑法》并未规定，但在具体案件中该问题又无法回避。笔者认为应该结合我国司法现实优化计算机犯罪量刑模式，按照罪刑法定原则明确性的要求进行幅度限制，或者增加罪刑对应的层次、结构，在量刑过程中将罪刑做多层次划分确立罪等刑格，通过罪刑的量化对等关系，使刑罚趋于合理化。

一、计算机犯罪危害后果分析

美国律师协会刑事法律部计算机犯罪任务组于 20 世纪 80 年代发布的全国性调查报告指出：从经济角度看，因计算机犯罪造成的社会损失包括两个方面——计算机犯罪给商业、政府机构及个人造成了直接的经济损失，同时由于社会耗费资源控制计算机犯罪（如预防、侦查、调查、起诉等）又带来间接经济损失，安全费用巨大。

美国全国计算机犯罪数据中心（NCCCD）年度统计报告中，对美国 20 世纪 80 年代末以前的计算机犯罪状况做了描述（见图 4-1）。

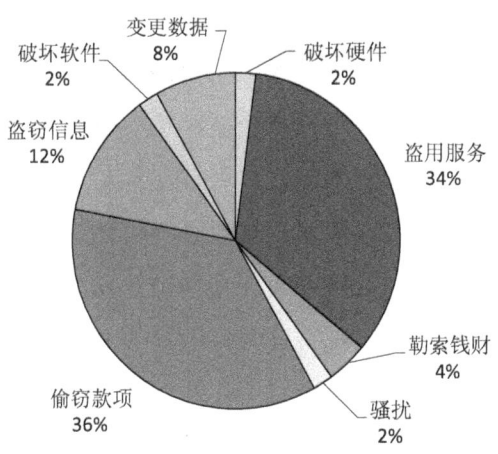

图 4-1 计算机犯罪类型

从图 4-1 中我们可以看出，计算机犯罪主要集中在比较直观的经济危害和难以统计的社会危害两个方面，如破坏的硬盘、盗窃的款项都可以直接给出一个具体的数额，而盗用服务、盗窃信息等则因实际情况而异，属于社会危害。事实上计算机犯罪的目的也主要集中在这两方面，并且其威力远大于传统犯罪。美国斯坦福研究所的研究表明，计算机犯罪案的损失金额是传统犯罪案件的几十倍到几百倍，见表 4-1。

表 4-1 常见犯罪类型及其损失对比

犯罪类型	每起平均损失（万美元）
（1）计算机犯罪	46~160
（2）传统敲诈银行	2
（3）抢劫	0.5
（4）偷盗	0.01~0.1

注：该表格和注文资料均引自冯树梁主编：《中国预防犯罪方略》，法律出版社 1994 年版。

比起经济损失，计算机犯罪的社会危害性更为严重，它给整个社会的计算机、文化、政治、军事、行政管理、物质生产带来全方位冲击。例如，电脑黄毒给社会意识形态领域带来污染，给青少年心灵造成毒害；计算机"黑客"窃取、散播国家高级机密威胁国家安全等。

从刑法规定来看，最能体现犯罪和一般违法行为的主要区别的是财产犯罪和经济犯罪中的数额标准，也即通常所说的"起刑点"。如抢夺罪和诈骗罪，刑法规定须数额较大的才能被认定为犯罪。即如果抢夺、诈骗数额还没达到较大程度时，只能认定为违法而不能认定为犯罪。另外，刑法还通过规定情节是否严重、后果是否严重、是否使用刑法所规定的犯罪方法、是否在刑法所规定的时间、地点实施行为等来反映这种程度上的差别。依照《刑法》的规定，追究刑事责任时，造成损失的数额大小既是区分罪与非罪的重要因素之一，又是划分量刑幅度的重要依据，而大多数涉及计算机犯罪的法条对此都未明确，可操作性极低。笔者建议，结合计算机犯罪的高技术特点，在其刑罚中引入量化的概念，合理鉴定危害、损失的质与量，给法官定罪量刑以指导，加强法条的操作性，填补刑罚"真空"。

事实上，在我国盗窃和伤害等传统犯罪中将犯罪后果和处罚力度以量化的方式结合起来，既便于当事人的起诉，也便于司法机关办案，值得借鉴。这方面国外有些地方已经做了大胆的尝试。下面以美国为例进行说明。美国《明尼苏达州侵犯商业的犯罪》未经授权的计算机访问是这样规定的，任何人故意并且未经许可试图或者实际突破计算机安全系统，构成未经授权的计算机访问罪，包括：其一，如果毁坏、毁损或改变给所有者或者所有者的代理人或承租人造成的损失超过2500美元，处不超过10年的入狱或者不超过50 000美元的罚金；其二，如果毁坏、毁损或改变给所有者或者所有者的代理人或承租人造成的损失超过500美元，但不足2500美元，处不超过5年的入狱或者不超过10 000美元的罚金，或者二者并罚；其三，在其他情形下，处不超过90天的入狱或者不超过 700 美元的罚金，或者二者并罚。

从该条款中我们看到，对于犯罪的处罚按照损失的大小做了严格的区分，在量刑方面操作性很强，处罚的力度也起到了震慑犯罪分子的效果。笔者相信，许多仅仅是想炫耀能力或者恶作剧的青少年在看到这样的条款，了解到将付出的代价后会停下他们敲击键盘的手。但是，考虑到各国的实际情况以及采用的司法体系不尽相同，在完善我国计算机领域的法律、法规时也不能完全照搬他国之法条。笔者在这里提出，是否可以借鉴他国之经验，本着犯罪即存在危害的客观事实构建具有普适性的我国计算机犯罪刑罚量化方案，使得法院及控辩双方等司法参与者在司法过程中有章可循，笔者将在下文中将该方案用一个公式表示出来。

二、计算机犯罪刑罚量化公式

计算机犯罪的形式、内容和后果复杂多变，笔者认为在确定犯罪后果的时候应充分考虑计算机犯罪技术性强、隐蔽性高、危害面大的特点，从经济危害和社会危害两方面着手做危害后果评估，同时综合考虑法律、法规规定在量刑时应予以考虑的其他情节并由此做出处罚，这四者之间的关系可以用一个公式来表明：

$$f(x, y, z) = R$$

在这个公式中，x 表示经济危害，即有形的物质损害；y 表示社会危害，即非物质性的损失；z 表示法律、法规规定在量刑时应予以考虑的其他情节，如犯罪分子是否为累犯、是否有自首情节，受害人是否为残障人士等；R 表示刑罚，含罚金刑、自由刑、生命刑、附加刑；$f(\ )$ 表示这四个变量之间的一个函数关系，即相关法条。该公式表示为通过对经济危害和社会危害的评估统计，并综合考虑法律、法规规定在量刑时应予以考虑的其他情节得到一个对应的刑罚，其中 x，y，z 为自变量, 它们的变化将对因变量 R 产生决定性影响。

x 为经济危害, 通过对有形的物质损害进行统计即可得到, 可以采用传统的价值评估方法进行。陈盈豪 "CIH" 病毒案件中所述国内 36 万余台计算机损坏, 损失高达 10 多亿元即为经济危害, 它可以通过对物资、设备等有形物质案发时的实际市场价值进行累加计算获得一个相对确定的值。笔者认为, 受害方为了减小犯罪伤害所做的后期投入, 如果能够证明是由该犯罪所引起的、存在必然的因果联系也应纳入经济危害的范围, 例如, 该案件中因计算机中毒导致系统瘫痪, 为此受害方进行系统升级维护所花的费用。

另外, 笔者认为目前生活中常见的 Q 币等虚拟货币, 虽然有一定的市场价值, 可以用人民币进行买卖, 但是在相关案件立案时不应从经济危害的角度进行考虑, 应划分为非物质性损失, 更不能将之视为货币的一种, 否则将对人民币的法律地位产生冲击, 进而影响金融秩序, 带来一系列的社会问题。我们知道, 现实社会中流通的一国货币是用来固定地充当物资与服务交换中的一般等价物的特殊商品, 它是为政权服务且受制于权力的, 必须依靠政府的强制力才能保证货币的价值, 因此货币的本质其实是主权信用。然而 Q 币等虚拟货币并非政府发行, 大多是网络公司通过程序设计产生的, 它不为政权服务也不受制于权力, 与国家主权信用更无关系, 虽然名为 Q 币可以进行买卖, 但是其存在与网络游戏中的武器装备等更加相似。这就像虽然泉水被灌装后成为商品进入市场销售, 但是并不等于所有山中流淌的泉水都能成为商品且具有相同的市场价值, 只有那些经过灌装、凝结了人们一般无差别的劳动的泉水才能成为商品。同样如果 Q 币被认定为商品甚至是货币, 将会使得一些人如网络游戏的编写者轻点鼠标就拥有惊人的财富, 获得远远超过其付出的劳动的报酬, 这对于国家、社会的稳定和发展都有极大的危害。

y 为社会危害，即非物质性的损失，对它的评估应以定性分析为主。定性分析无须十分精确，可以采取先定量再定性的方式。以福建省泉州市联盛公司及其总经理施清体诉被告仕达斯公司、郑明辉网络发帖诋毁商业名誉案为例，在评估其社会危害时可以从影响范围、程度两方面入手进行量化，先确定被告发帖网站的等级、受众范围以便评估其影响范围，然后从该帖的点击率和转载量等方面评估其影响程度，整个评估过程应充分参考网站的审批、建立、管理等相关规定，从以上两个方面综合考虑从而确定其诋毁性质。在此，笔者建议参考我国相关规定，对企事业单位及政府部门的评级制度合其影响程度进行等级划分。例如，金融、电信、能源、交通、供水等社会要害部门的信息系统被利用或破坏以后，其危害等级应比一般商业或个人网站要高；国家级政府部门网站被利用或者破坏以后，其危害等级应比地方级政府部门网站要高；跨国企业网站被利用或者破坏以后，其危害等级应比一般企业级网站要高。我国在金融信贷、安保、行政管理等方面已经有了较为全面的评估体系，如果以此为参考建立计算机犯罪中社会危害的评估体系，会大大加强法条的可操作性，强化非物质性损失评估的法庭采信力度。另外，像淘宝、阿里巴巴等网络公司，其营运几乎完全依赖于所建网站，如果网站被破坏将严重影响到企业的经营和生存；而对于欧莱雅等跨国公司，其产品主要靠市场零售，官方网站虽然也接受网络订购，但是只占其收入的很小一部分，我们在进行非物质损害的评估时也应将这些情况考虑进去。社会危害的评估应仿效伤残鉴定等由具备专业资质的鉴定机构出具鉴定书，鉴定的标准应由司法机关给出，鉴定机构的资质应由司法机关认定，以维护鉴定的严肃性。

z 表示法律、法规规定在量刑时应予以考虑的其他情节，如犯罪分子是否为累犯、是否有自首情节，受害人是否为残障人士等。计算机犯罪已经随着 Internet 全方位渗入到我们的生活中，对我国的司法工作提出了更高的要求，针对我国现有国情和国内外相关法理研究现状，笔者认为制定一部完整的计算机法还不现实，因此在计算机犯罪或涉及计算机犯罪的案件，尤其是传统犯罪计算机化的案件中可以以对原有法条的补充完善为主，其补充完善以证据的认定和损害的评估为主，其他法律、法规规定在量刑时应予以考虑的其他情节仍应考虑进去。

R 表示刑罚，含罚金刑、自由刑、生命刑、附加刑。随着计算机信息技术的发展和普及，计算机作为一种先进的生产力工具，在我们生活的方方面面都得到了广泛的应用，计算机犯罪或涉及计算机的犯罪种类也越来越多，除了杀人罪、强奸罪等针对人本身进行的犯罪和法律规定的特定条件犯罪外，几乎所有的犯罪行为都可以通过计算机完成，因此在量刑时要充分考虑相关条款的刑罚规定，做到量刑适当。另外，对于未成年人犯罪，可适当调低其承担刑事责任的年龄，主要采取罚金刑或罚金刑易科劳役制度，非后果严重不再对其判处自由刑，既避免了未成年犯在监管场所可能受到的"交叉感染"，又维护了法律的威严。对于法人犯罪，笔者认为应加大罚金刑的额度，同时还应增加处罚方式，如取消荣誉称号、限制经营权等，增加其犯罪的成本。

结　语

我国是大陆法系国家，奉行自由采用和自由衡量的自由心证制度，而计算机犯罪的技术性和复杂性又对司法工作提出了更高的要求。如何从维护网络公平秩序出发，制定出便于当事人的起诉、便于司法机关办案的科学的法律体系还有很长的路要走。笔者认为刑罚量化观念可以作为一个有力的楔入，量化公式可以作为司法程序中的一个立足点，成为起诉和量刑的依托，从而做到违法必究。该公式量刑结果是由多种内容分门别类综合形成的，犯罪行为的基本刑和所有情节的调整程度在量刑结果中都有具体的体现，这就在很大程度上有效地限制了审判人员量刑的随意性，从而可以避免由于笼统的推估确定量刑结果所带来的缺陷。该公式有效整合现有社会技术资源与法条进行有益的衔接，不但体现罪刑相适应原则，实现刑罚目的的内容，而且还可以大大提高刑罚结果的透明度，使被告人不仅知道自己的罪从何来，还能了解到刑从何处实现处罚和教育相结合。当然，计算机犯罪量刑合理化的发展过程是一个渐进的进程，不能一蹴而就，现实工作中仍有许多问题需要我们去解决，如电子证据的司法地位、电子信息的价值评估等。

下 篇

XIAPIAN

第五章　新时代依法治网
问题研究

　　信息革命是当今世界面临的第三次生产力革命，由信息、技术带来社会变革不仅极大地促进了社会的发展，也产生了全新的社会问题，这些问题随着技术的延伸逐渐涉及我们生活的各个层面，如何合法有效地治理网络社会是全世界都面临的难题，目前世界范围内还没有成熟的方案。我国部分地区已经进入信息社会，信息、技术将社会生活数字化、虚拟化、网络化，社会结构由单一的一维现实社会模式发展成为网络社会和现实社会相结合的二维模式，社会治理问题集中表现在权益侵犯的随意性和监管困难等方面。这些变化及其伴生的问题都是生产力变革和社会发展的衍生物，治理方式宜疏不宜堵。网络社会的治理应采取各法律法规综合调控，本章以法益保护为切入点对此进行研究，以期调整生产关系，使之适应时代发展的要求。

第一节　研究依法制网问题的意义

人类社会的生存发展，各种社会矛盾的出现化解，总是与生产力的发展密切相关。以信息技术为代表的新技术的出现和应用，使社会原有的生产、生活方式不断发生变化：出现了以程序员为典型代表的新工种；人们开始使用计算机、手机等新设备，利用网络进行聊天、购物、办公、缴纳交通违章罚款，甚至填写民意调查问卷，直接参与政府重大事件的决策；微软、脸谱、阿里巴巴等科技公司的创始人用比传统制造业经营者短得多的时间就登上了全球富豪榜。整个社会的政治、经济、文化结构模式都随之慢慢地发生改变。有进步就会有矛盾，新技术带来的全新的社会问题也逐渐显现：对网络的依赖导致一些青少年身体素质和处事能力降低，各种全新的违法犯罪方式相继出现，一些传统技术行业面临被新技术取代的危险继而引发从业者的抗议，社会舆情因网络的迅速传播而扭曲或者扩大，严重挑战现有机制下的政府、企业和个人的应对能力……

面对这种情况，世界各国都在积极寻求应对之策：2015 年欧盟公布了数字一体化市场战略详细规划、立法确立"网络中立"原则；美国最严的网络中立规则《网络开放指令》生效，《美国自由法案》替代《爱国者法案》，明确不强制要求网站接受"请勿追踪"请求；俄罗斯立法《个人数据保护法》生效；我国制定了"互联网+"行动计划，初审了《网络安全法（草案）》，发布《网络预约出租汽车经营服务管理暂行办法（草案）》《关于促进互联网金融健康发展的意见》《关于放开在线数据处理与交易处理业务（经营类电子商务）外资股比限制的通告》，试行《关于实行市场准入负面清单制度的意见》，实行新《广告法》并就工商总局制订的《互联网广告监督管理暂行办法》征求意见等。对比各国政策我们可以发现，各国政策的制订基本都是与本国或本地区的政治、经济和技术的发展情况相适应的，目前网络治理的主要目标是促进自身的经济发展和网络安全，相比较而言我国的政策更具灵活性和积极性，态度更具包容性和开放性。但是，我们也应该看到目前世界各国对网络社会的治理都还处于探索阶段，主要针对的是当前比较突出的问题，治理手段零碎化，法律法规和各项政策的制订主要是针对政府和网络公司进行管理，对公民和法人权益的保护力度还不够，在解决方案的设计上还比较被动，缺乏前瞻性、主动性。我国当前实行依法治国的国策，明确提出网络也不存在"法外之地"，网络社会是生产力发展的必然产物，由此带来的问题就整个社会层面来说具有相当的广度和深度，治理手段宜疏不宜堵，权益保护作为现代社会法治化的重要内容可以作为依法治网的切入点。

第二节　我国依法治网的现状分析

一、网络社会治理的动因

无论是什么样的社会，有什么样的生产力就有什么样的物质生产关系和生活关系。

20世纪50年代中期，以计算机和网络的诞生为标志，人类社会开始向信息时代过渡。信息、知识应用于生产过程，渗透在劳动资料、劳动对象和具有一定生产经验与劳动技能的劳动者这些生产力基本要素之中转化为实际生产能力。例如，准确的购销信息、高科技的生产方式、高端研发人员在一定条件下都能对社会物质生产产生重要作用。信息、知识成为重要的生产力要素，必将变革现有的生产关系以及与之相关联的个人、群体、自然、社会彼此间的关系。

农业社会采取金字塔形集权式权力结构，以家庭为基本生产单元，劳动力人口集中在农业部门。工业社会形成了以政党及代议制民主为特征的社会宏观管理体制，以企业为单元进行社会化大生产，劳动力人口从农业部门转移到工业部门，在工业化后期又转移到服务业部门。信息社会由网络社会和现实社会共同构成，传统的管理层垄断信息、决策的优势被打破，金字塔形组织管理结构开始向网络型组织管理结构转变，生产方式由大规模集中型向灵活分散型转变，产生了与信息、技术相关的新型业态和就业方式。为适应社会化大生产而聚集在城市的人群开始向外扩散，城市由单中心向多中心发展，形成以发达的交通、通信网络为基础的城市群，即使是战争也从现实社会蔓延到了网络社会，如境外组织利用网络搜集情报、组织非法活动等。

考察我国现状：近十年来出现了一大批以淘宝、百度等为代表的新型业态；经济发展开始从城市中心向外扩散，出现了多中心城市和城市群；智力密集型而不是劳动密集型企业开始比以前为 GDP 贡献更多的力量；公民社会参与意识更强；政府的社会治理面临着最为复杂的国内外形势……由此我们可以认为我国网络社会已经初步形成，物质生产关系和生活关系在大部分地区已经由以前单一的一维现实社会模式发展成为网络社会和现实社会相结合的二维模式。在全球一体化背景下，这种由生产力变革所带来的社会发展趋势是不可阻挡的，并将不断深入，单一的现实社会管理模式不能解决二维信息社会下的所有问题，网络社会应全面纳入政府管理范畴，并与对现实社会的管理相结合从而构成一个完整的信息社会管理体系，以调整生产关系，使之与时代发展的要求相适应，其中网络社会的管理是我们亟须补齐的短板，也是本文论述的重点。

二、网络社会治理中的问题

我们的生活事实上已经极大地被网络化了：如虚拟货币"唯品币"不但可以用于实物消费，还可以一定的比例与现实货币进行自由兑换；作家撰写的小说可以在网络发表，并通过相关网络公司的运作获得版权保护和实际收入；人们可以通过网络叫车、购物、了解政策法规、表达个人观点等。人类在享受新技术带来便利的同时也面临着许多新问题：网络资产如何管理？网络犯罪如何打击？网络信息如何分辨真伪？当虚拟经济与实体经济之间产生利益冲突时又该如何协调？

笔者认为网络带来的社会问题看似纷繁复杂，实际上可以划分为政治、经济、文化三个层面——网络治理体系的健全，网络经济体系的规范，网络伦理体系的建立，其中网络治理体系的建立是基础问题，也是政府目前迫切要解决的问题。国家行政学院的何哲在《网络社会治理的若干关键理论问题及治理策略》一文中将网络治理所面临的问题从以下8个方面进行抽象概括：①经济、社会的多元化致使监管困难；②经济系统和社会系统脆弱性加剧，国家安全更容易受到侵害；③侵犯个人权利的网络暴力与网络犯罪频发；④政治意识不受控制的涌动和民意的制造；⑤社会权利转移，原有社会和相应的政治结构被打破；⑥政府单一具有的社会动员能力通过网络被转移和分散，群体性事件频发；⑦对政府的监督和不信任被放大；⑧治理政策和治理体系的缺失。我们可以看到网络社会的形成导致传统的管理层垄断信息、决策的优势已经逐渐被打破，政府管理难度加大，其所带来的治理难题涉及很多利益群体，也涉及很多政府管理部门，由于网络社会随着技术革新本身也处于不断的发展之中，客观地说，目前世界范围内还没有完全成功的治理模式可以照搬。美国掌握互联网核心技术，拥有国际互联网绝对支配权，发展安全技术、制定知识产权法和网络监听是其网络治理的主要手段，但就目前看来效果不甚理想：通过互联网组织占领华尔街运动席卷全国，最后演变成流血冲突；网络监听引发的棱镜门事件导致全球声讨；网络约车公司 Uber 在它运营的几乎所有城市都和市政府及相关执法部门发生过冲突……可见即使是网络技术如此发达的国度，其网络治理依然是个未解完的难题，我们只能结合本国国情，借鉴他国成功经验、吸取他国失败教训，走一条切合我国实际的网络治理之路。

治病若要治本必须先找到病因，笔者认为网络社会带来的问题从本质上说是来源于发展了的生产力与现有生产关系之间的矛盾。结合整个人类技术与人类文明发展的历史我们可以看到，人类的文明进程是伴随着三次重大生产力革命展开的——第一次是"农业革命"，历时几千年，人类从原始社会进入农业社会；第二次是"工业革命"，历时 300年，人类进入工业社会，世界逐渐成为一个整体。今天，我们面临的是第三次生产力革命——"信息革命"，世界的面貌和格局也在悄然发生改变：一方面信息、知识成为重要的生产力要素，与物质、能量一起构成社会赖以生存的三大资源；另一方面现代社会向着由虚拟的网络社会和现实社会高度整合的二元结构信息社会发展。

每一次由技术革命引起的生产力与生产关系的进步、发展都会带来巨大的社会变革，引发一系列的社会问题，表现为冲突—协调，再冲突—再协调，最后达到生产力和生产关系的协调，整个社会进入稳定发展的快车道。回顾一百多年前的工业革命时期，由于新的技术和新的生产工具的出现产生了全新的就业形式，一些掌握了新技术、会用新工具的群体由此获得了就业机会，而以手工纺织工人为代表的传统手工艺人则逐渐失去了赖以生存的传统型工作。受经济利益的驱使，资产者摆脱了原有法令的束缚，却并没有被置于新的社会有效控制方法之下，传统工作的就业者面临巨大的生活压力，进而引发一系列的社会冲突，群众运动开始出现。

历史总是以不同的面貌反复出现，一百多年后的今天，由于信息革命的到来，网络社会的崛起，一些掌握了信息技术、能运用以信息技术为核心的新的生产工具的群体获得了新的就业机会。而一些旧业态的从业者则面临巨大的挑战，由此产生了一系列的社会问题，出租车司机罢工抗议网约车就是典型的例子——网约车司机利用了由于新兴网络技术的应用而带来的社会管理真空地带，因为尚未被纳入政府的行政管理体系不必付出税金等社会管理成本，他们得以以低于市场一般运营成本的价格挤占了原本属于出租车的生存空间，导致出租车司机收入减少、生存压力加大，进而引发出租车司机罢市抗议，要求政府采取措施保障自己的利益。这种冲突不仅在我国杭州、重庆、武汉等多个城市出现，包括美国、英国、日本、韩国在内的国家也有发生，应该说新技术对旧业态的冲击在世界各国都普遍存在，生产力与生产关系之间需要进行一定的调整以达到再平衡状态。

目前我们面临的情况是信息、知识已经成为重要的生产力要素，并在社会生产和社会财富创造中发挥着越来越重要的作用，而应该与之相适应的生产关系的发展却是滞后的，未能及时形成有效的网络管理。因此网络治理宜疏不宜堵，不能将之视为扰乱社会生活的"异类"采取简单的监控、压制手段，而是要将其当作新兴生产力量，通过各种政策、法规的综合宏观调控，使生产力和生产关系相匹配从而最大限度化解矛盾，促进社会良性发展。

依法治网是目前网络社会治理的主要思路，也与我国依法治国的基本国策相契合，在我国政府、企业、公民个人及国际社会间具有广泛的共识，我国近年来积极推进了多项措施加强对网络社会的治理，虽有成效但远未达到理想状态，远未达到与我国现实社会治理能力相匹配的状态。笔者认为由网络社会虚拟性导致的责权不明是网络治理的关键，也是解决问题的瓶颈所在，责权不明则违法成本不同、利益分配不均，进而引起不同利益群体之间的矛盾冲突，本书以明晰责权为切入点提出了一种基于网络权益保护的网络治理方案。

第三节　对我国依法治网的一点设想

网络社会带来的问题从其本质上来看，是由发展了的生产力与现有生产关系两者不能完全相适应引起的，那么我们的治理对策应该以协调促进生产力发展为主，具体地说就是通过各种宏观调控政策的综合运用，确认新兴信息技术及相关利益群体的社会地位，规范其社会行为。因为网络社会问题的多样性和利益群体的广泛性，治理网络社会单靠某一部门或某一法规恐怕难收到理想效果。网络社会是由现实社会虚拟化、数字化形成的，涉及社会各个层面，笔者认为对其治理应考虑民法、刑法、行政法、诉讼法等部门法及各级地方法规综合运用，通过对责任和权利的划分来厘清彼此间的关系，各部门有的放矢分工协作，以使治理手段更加有针对性，治理结果更加合法有效。

一、责权分明是网络治理的基础

通常，单纯发生在现实社会里的权益损害可以由相关部门按照一定的程序通过法律法规进行调整，但网络因素的介入往往导致工作对象、工作方式都不能合法有效地确定，治理工作成为无源之水，令现有法律法规、社会部门望而止步，使得权益受侵害方或者因维权艰难而放弃，或者因维权方式粗暴而为社会诟病。

以网络购物为例，一个售卖食品的实体店需要办理营业执照缴纳税费，场地符合国家卫生标准，从业人员可能还需要办理卫生证、缴纳社会保险等，一旦发生食品安全事故可以由工商、食药监甚至公安、法院等多部门介入以保障社会正常运转。但是，一个售卖食品的网店可能连门店和营业执照都没有，更谈不上卫生监督和员工、消费者权益保护，在快递和网络能够覆盖到的地方，一个会打字的未成年人就能完成销售，而消费者的维权结果通常是由网络公司和网店决定，政府部门的事前、事中监管和事后追责基本无法常规化实现。为什么网店与实体店的运营成本和社会成本相差如此之大呢？这是因为我国的法律法规大多采取了属地管辖和属人管辖的管辖权划分方式，各级管理部门依此"对号入座"，而实体店以经营地址和经营人员为依托，以属地管辖和属人管辖为主要方式纳入了政府的社会管理范畴，在其经营的各环节，责任和权利相对明确，有各级别各部门的行政、司法机关依法依规与之相衔接。而网店是以网络为载体的，依托网络具有隔时隔地的特点，生产销售各环节的地址、人员具有很大的隐蔽性和不确定性，导致相关权利、义务皆不明确，现有法律法规对其所涉权益保护的范围、方法还有许多问题尚未明确，相关行政部门的介入也就缺乏法律依据，因此导致监管路径的不畅。

例如，我们网络购物常常遇到投诉无门的情况，一个山东人在淘宝网（总部在杭州）上的一家申请地为广东的网店购买了一双运动鞋，而这双运动鞋的产地在福建，并且也从福建发货，如果发生质量问题要想向工商局投诉的话，可能山东、杭州、广东、福建的工商局都觉得介入困难、处理困难，消费者最后只有不了了之。由此我们看到网店的经营者与前文所述资产者、网约车司机一样，网络隔时隔地的特点使得他们一方面脱离了原有法令的约束，另一方面并没有被置于新的社会有效控制方法之下，事实上处于社会管理的真空地带。我们应该为现有管理部门找到一个介入的切点，使之真正地发挥作用，规范社会生活。

责权明确是网络社会与现实社会衔接的关键环节，也是政府部门介入管理的前提条件，那么我们该如何划分网络社会不同主体之间的责任和权利呢？马克思主义认为社会是"人们交互作用的产物"这一本质特征不因社会形式的不同而发生改变，网络社会也符合这一理论，它是将现实社会结构、资源数字化形成以现实社会为依托且作用于现实社会的虚拟的关系网，网络社会中每一次权益的侵害与被侵害、给予与被给予最终都是由现实社会的个体来实现的，正如我们看到的每一次网络交易都是由坐在网络那一端的来自现实社会的实实在在的人完成的，哪怕他借助了计算机自动应答系统进行操作，最终的决定权依然在那个实实在在的人手里；也正如每一次的网络犯罪最后都能找到一个罪犯。因此笔者认为网络社会治理可以和现实社会治理使用同样的社会规范：有同样的责任主体和义务主体；采取同样的判断标准；实行同样的规范执行主体。这样既可以减少行政成本，又可以降低网络权益保护的非技术门槛，便于公民在认知和实践中实现网络社会与现实社会的良性互动。

二、一种以网络权益保护为基础的治理方案

网络社会与现实社会联系日渐紧密，伴随着新问题的涌现，各种权益申索层出不穷，结合我国宪法对公民的权益保护，笔者认为可以依照现有法律法规对网络事件进行一个大致的分类，对于那些即使是发生在现实社会中政府部门也不应介入管理的事件，如果发生在网络上政府也不宜介入，可由社会应用自我修复的机制进行管理，如由网络临时销售

个人不用的物品达不到行政管理标准而无须管理的。对于那些应该由法律法规解决的网络问题则可以简单地概括为网络财产（数字化了的物质和无形财产）保护和网络权利保护两方面，所有涉及相关方包括个人、企事业单位、集体、政府机关等都应纳入管理范畴。

网络是虚拟的，行为人是现实的，从行为人入手确定网络行为的责任和权利，通过对行为人权益的保护进而规范网络行为、实现网络治理更符合人类的认知模式，从而可以很好地调动各利益相关方参与网络治理工作。

（一）行为人责权的确认

在现实社会里，我们确定某一事件中相关行为人（自然人或法人）的责任和义务时，不论涉及民事、刑事还是行政，主要要件有三点：①确定行为人是否具有责任能力；②确定行为人真实意思的表示；③确定行为人的行为。网络社会作为信息社会的有机组成部分，与现实社会相互联系相互作用，网络事件的参与者亦为现实社会中的自然人或法人，则我们可以这样认为：

第一，以我国现有技术能力，大部分网络事件的行为人是可以确定的，那么在具备了现实条件以后相应的责任能力也可沿用现实标准。现有关于民事、刑事、行政及其他规范性法律文件的责任人和义务人资格、行为能力的划分标准都可以沿用到网络事件的处理中。部分计算机犯罪的行为人年龄幼小，尚存在法定责任年龄认定的争议，这可以做法理上的研究而不应影响现行法规在网络社会的使用。

第二，网络社会行为的界定不应以技术的多变而迷失了行为的本质，而应以现实社会的社会规范来评价。网络隔时隔地的特点常常使得网络事件的形成原因比较简单，但是产生的结果很复杂，而轻击鼠标的行为方式常常使我们觉得"这件事没那么严重吧"，又或者认为某个网帖的内容全中国都看到了，影响太坏了，需要"跨省追捕"！人们经常对此有不同的感受从而产生许多截然相反的评价。网络只是交流信息的手段，不应该因行为发生在虚拟的网络或采用技术手段的高低而低估或重判。

违法犯罪本质上都是对社会的危害，因此笔者认为如果整件事情的因果关系链是成立的，具体的处理可以从受害方着手。例如，通过网络散布虚假信息打击竞争对手的商誉以牟取利益，又或者进行敲诈勒索。对于前者应详尽统计其商誉损害的范围程度，可以通过该信息的性质、传播范围、导致的后果来给行为定性，定性的方式、标准与现实社会类同。而对于后者应该仔细考察情节、金额、结果等要素，考察和金额统计都可以采用处理现实社会类似事件的标准，通过对危害结果的确认来找到合适的处理方案。

第三，行为人真实意思的表示应该针对不同情况采用多种方式确定。网络社会匿名、开放、高度自治的特点是其充满活力的原因，也是难以治理的主要因素——如果行为人的行为和他的真实意思无法客观判断一致，就难以主张权利、追究责任。对此，部分国家采取了实名制的办法：韩国 2007 年通过《信息通信网法》，规定必须经过本人真实身份认证的网民才能在相关网站留言。2012 年 8 月 23 日，韩国宪法裁判所裁定"网络实名制"违宪，网络实名制被废除。笔者认为韩国实名制失败的根本原因是它对适用对象不加以区分，导致网络活力下降，当你在网络这一端敲击键盘时面对的是来自全世界的不确定个体，信息保护和网络安全成为人们首要考虑的问题。反观现实社会，如果每一个人都要先查验户口簿以后才能发言，固然会减少骚扰，但同时语言交流的频率也会大大降低。

法律处罚行为而不处罚思想，因此匿名或是实名可以参考现实社会信用标准，针对不同情况区别对待：如经济贸易、政令发布等在现实社会中对行为人身份的验证是采信的前提。如果我们无法确定交易中对方的身份、资质等情况，整个交易可能无法发送，而在政令发布中如果我们不能确定该政令的发布者身份、权能等情况，该政令可能也无法有效执行。那么与此相应的网络行为如果要成立，参与者就必须采取实名制以告知相对方自己的身份、资质、权能等情况。若仅仅是进行网络思想交流，如论坛发帖，网民可以根据自身情况自由选择是否实名，网络给予选择端口即可，但是不论是否选择了实名制都不应回避法定责任的承担。

那么如何确定行为人的真实意思呢？笔者建议可以采用间接的方式来实现：当某人想在网上转发一篇文章时，文章在发出前该行为人必须选择几个能表示真实意思的选项，例如：①是否匿名发布；②是否原创或转发；③该文章是来源于主观创作，还是亲身经历、亲友转述、网络转发；④是否对该文章承担完全法律责任、部分法律责任或不承担任何责任……该系列选项将成为发布者真实意思的表示与文章一同显示，既可以作为读者阅读的参考，也可以作为责权划分的依据。当产生权益冲突时，相关方可以据此引用现实社会现有法律法规或诉请相关机构介入。例如，当网帖发布者已经明确地表示该帖内容是主观创作的、不承担任何责任，如果读者还要相信并因此产生损失的话，该损失只能由读者自行承担。又例如一个网帖在网上经过了 10 次原文无篡改地转发，第 1 次转发显示该帖内容是主观创作的、不承担任何责任，第 2 次到第 5 次转发显示该帖内容是网络转发、不承担任何责任，而第 6 个转发者在转发时表示该帖内容是亲身经历、承担完全法律责任，剩下的最后 4 位转发者都表示该帖内容是网络转发、承担完全法律责任，则该网帖的传播如果造成了社会损失，责任从第 6 位转发者起算，前面 5 位不承担责任，第 6 位承担主要责任，后面 4 位的责任视情节而定。

通过对行为人及其责任的认定，可以使网络事件与现实社会的法律、法规和规范性法律文件相衔接，而与这些政策法规相联系的政府实务部门可以以此为切入点介入进行管理，从而使得将之纳入社会管理的范畴成为可能。

（二）管辖原则

在对事件的处理中，管辖原则是一个非常重要的概念，拥有管辖权意味着对事件具有进行审理和裁判的权力或权限。对于当事人来讲，在自己的住所所在地进行诉讼等活动最直接的好处就是成本低，对生活影响小，因此管辖地常常成为当事人的争夺目标。发生在现实社会中的事件因为涉事的人、物和事件发生的地址通常比较明确，管辖权的归属比较好确定，但是在涉及网络事件的管理中由于取证难度较大、办案成本较高，管辖权常常在几个与事件直接相关的地区之间相互推诿，间接加大了执行的难度，似乎人人能管但是又无人管。

管辖原则主要有以下几种：①属人管辖原则，即我国对具有本国国籍的公民拥有管辖权。②属地管辖原则，即我国对我国领域内的一切人、物和发生的事件拥有管辖权（依法享有外交豁免者除外）。③保护管辖原则，即我国对于外国人在我国领域内侵害国家和公民重大利益的犯罪行为拥有管辖权。④普遍管辖原则，即我国对于国际犯罪，不管犯罪人的国籍在哪，在何处犯罪，根据国际法均有管辖权。

笔者建议对于网络事件可以采用属地管辖原则为主、属人管辖原则为辅的方式进行管辖，即以事件发生地管辖为主，以行为人管辖为辅。例如，山东的甲某通过网络对山西的乙地进行造谣，编造了乙地发生危险化学品爆炸死伤多人的谣言，导致乙地群众误以为危险存在因而集体逃亡他处，在集体逃亡途中发生踩踏事件。在这件事的处理中应该由山西的乙地行使管辖权，很显然这样更有利于事件的处理。网络事件具有隔时隔地的特点，整个取证过程比较复杂，技术成本和行政成本较高，受害方显然更具有主观能动性，能够积极主动地推动案件的办理，乙地为具体损害发生地，对于损害的评估更加方便、全面。在网络事件的处理中对行为人的取证和认定相对简单，而对损害的评估是较难操作的一环，往往需要做大量的走访、评估工作，这种管辖方式也与笔者前述通过对危害结果的确认来找到合适的处理方案的思想是一致的。

（三）网络权益保护的运行

网络权益和责任通过行为人的网络行为、责任能力和意思表示确定下来以后，管辖权的真正行使还有赖于现实社会中各个具体的实物部门发挥作用，这样权益才能得到有效保护。网络社会的治理最终还要通过实体部门来实现，对此笔者有以下几点建议。

1. 网络经济应该建立在公开、透明、法制的基础上，以保证其稳定运行

据国家统计局公布，2017 年，社会消费品零售总额366 262亿元，比上年增长 10.2%。全国网上零售额71 757亿元，比上年增长 32.3%，网络零售额占全年零售额的 15.0%，已经成为国民经济一个不可忽视的组成部分。随着"互联网+"行动计划的深入执行，网络经济将更加繁荣，涉及范围将更加广泛，无论是促进实体经济发展、保护网络经济稳定，还是维护国际贸易次序，都迫切需要将网络经济纳入规范管理，使之公开化、透明化、法制化。经济贸易的繁荣、稳定是建立在经济贸易安全的基础上的，因此笔者建议对于具有经营性质的网络单位都应该参照实体社会的管理要求进行管理。

以淘宝网店为例，在淘宝网上申请网络店铺进行经营活动，其营业执照并非经营要件，则网店只需要遵从淘宝公司的管理规定而不必办理营业执照纳入国家管理范围，一旦该网络店铺出现问题，政府部门介入成本较高，实质上这是国家被动地向该网络公司让渡了部分行政管理权，这种不

合理的现状迫切需要改变。

我国自 2014 年 3 月 1 日起将公司注册资本实缴登记制改为认缴登记制，并且取消了注册资本的最低限额，因此网店进行注册并不存在经济门槛。笔者认为所有进行合法销售的网络个体都具备到工商部门进行登记的条件，应该予以登记。工商登记地址与其办公地址一致，其他与经营相关的、由法律规定必须办理的卫生证、健康证等证件也应该按照与经营实体店一样的要求进行办理，这些证件与营业执照一同在网店展示以使其符合管理要求，维护经营秩序。

2. 网络事件管理二元化

信息社会是由网络社会和现实社会相结合的二元社会，网络事件是在网络社会和现实社会的共同作用下产生的，如网络贩卖毒品就是现实社会的不法分子利用网络进行联系交易的结果。因此对网络事件的管理，我们也可以相应地实行网上网下二元化的管理模式——可以由公安、工商、法院、食药监局等政府部门设立对应的网络办公机构，对于一般性质的事件由网络机构网上处理，较为严重的由实体部门介入处理。

以网络交易为例，网店在办公地所辖工商部门登记后，发生简单交易纠纷的，涉事双方皆可诉至辖区工商部门的网络机构，通过规定渠道上传材料、证据等进行网上处理；在事件的处理中，当事双方或某一方需要进行申述、抗辩但是因为法定的原因不方便到场，也可以选择到辖区工商部门的实体机构进行身份验证后，在该部门工作人员的全程陪同下通过网络视频远程实现，最后由处理该事件的网络机构按照法定程序在网上公布所有涉案资料、法规和裁决结果（诸如罚款、责令商品下架等），裁决结果生效后可由涉事当事人或标的物所在地的工商部门实体机构监督、协助执行。复杂事件则交由辖区实体部门处理，如当网店遭到签约网络公司违约关停时可诉至辖区工商、法院等实体机构，由其依法受理。对于网络发帖侮辱他人等事件，当事人亦可在网上向网警报案，由公安机关网络部门做出网上裁决，如责令当事人网络发帖道歉消除影响，责令网络公司对其封号、删帖等，事态严重的应在法定时间内转交对应实体部门立案调查。

笔者建议，在网络社会的管理中，应该改变以前由政府相关职能部门大包大揽的做法，正视网络技术带来的社会利益重新分配，通过法律法规及各项规章制度合理划分不同利益群体的责任、义务和权利，通过对不同利益群体之间责任、义务和权利的分配进行互相监督和有针对性的管理。例如，在对网络店铺的管理中明确要求该店铺进行相关行政登记，登记证应在网络公司（如淘宝、京东、美团、去哪儿等）进行明示。如果网络店铺未进行行政登记，由相关行政部门对该店铺做出处理（如工商局）；如果网络公司允许未进行行政登记的网络店铺在本公司网站进行经营活动，由有权对该网络公司进行行政管理的相关政府机构（如工商局、工信部）做出处理（如罚款、降低评级、减小经营范围、吊销营业执照等）。以快递业为例：快递运输是随着网络交易的兴盛而蓬勃发展起来的一种新型业态，它不仅是网络交易的重要一环，也涉及遍及全国各地的一大批相关从业人员的生产生活。笔者建议，如果销售的商品在运输途中因为商品托运方的责任而导致损失的（如易腐烂蔬果，明知在快递公司规定的送达时间内无法保鲜而邮寄的），该损失由托运方（如网络商店）自己承担；如果损失是由快递公司造成的，则视情节轻重可以由与该快递公司签约的服务购买商进行处罚（如淘宝公司、商品托运方取消与该快递公司的合作或罚款），情节较为严重的可以由有权对该快递公司进行管理的政府部门进行处罚，涉及犯罪的由相关司法机关依法处理；快递货物在运输途中对第三方造成损失的，依据损失产生的原因进行责任划分，例如，有害危险品在运输途中泄漏的，如果是禁止托运的物品责任由委托方和快递公司共同承担，如果是非禁止托运的物品责任依照委托合同承担，对于委托方和快递公司有权进行管理的相关行政机关视情节轻重进行介入管理，涉及犯罪的由相关司法机关依法处理。

笔者建议，对于具体的处罚措施，如果可以做到公平、公正、公开的情况下，对于情节显著轻微的，方便进行网络申诉纠正的可以在网上执行。例如，网约车的乱停乱放问题，既然顾客可以使用微信这一网络工具对网约车进行扫码定位支付，那么政府的行政管理部门也可以使用相应的网络工具对乱停乱放破坏交通秩序的网约车进行定位处罚，该处罚可以针对违规网约车所属的公司进行，由公安机关的执法人员在违规地点对该网约车进行扫码后，将处罚单以网络的形式即刻发往其所属的公司，由该公司支付罚款，该公司可以在法定时间内提交材料进行申述，也可追责具体责任人进行处罚。当然这些制裁措施应该建立在对网约车的禁止停车范围有了明确和公示的基础上。

到公安、法院、工商、税务等政府部门的网络机构申理网络事件的，以材料审核、程序公开、资料公开、结果公开为主要内容，力争 7 个工作日内办结无异议，如超出网络机构处理权限，应及时按法定程序转交对应实体部门处理，降低公民依法办事的社会成本，用良好的政策促使公民处理网络事件时习惯于找政府解决，而不是删帖公司之类的非政府管理部门。

网上网下、虚拟实际相结合的二元化的管理模式可以充分利用网络的优势节约社会管理成本和网民维权成本，同时使得处理措施更加丰富、更加符合实际（如责令删帖、网店下架"三无"产品等），将管理端前移消弭冲突于萌芽状态，如此更有利于政策法规的落实。

3. 网络管理应促进网络社会和现实社会协调发展

法律法规在社会治理中的规范作用重点在于法律面前人人平等，在于无差别的严格执行，但是我们也应该知道由于我国地大物博、幅员辽阔，地区发展还很不平衡，杭州、武汉等地区已经在建设无现金城市了，而在漠北、滇南等地区还未实现网络全覆盖，社会信息化的发展总有快慢缓急，这使得我们在制定政策的时候要充分考虑政策实现的方式以及该政策对当地居民生活的实际影响。

一个好的法律法规、方针政策应该以实现广大人民群众的利益最大化为目标，达到促进生产生活的目的，笔者建议在制定网络管理政策时应该充分考虑网络社会和现实社会之间的权益，使之相对均衡，不可畸轻畸重，因为网络权益的主体实际上也是我们现实社会生活中的一分子，该主体的利益无论网上网下都是社会整体利益的一部分。例如，一个利用业余时间经营网店的的士司机，在上班开的士时面临网络专车的竞争，下班时又经营网店面临实体店的竞争，无论我们制定的政策"偏帮"参与竞争的哪一方，都会使得他其中一种利益减少进而影响他的总收入，只有当网上网下权益均衡时他的利益才能最大化。目前我国网络社会管理的程度、范围、方式、方法都远远滞后于现实社会。当网络社会权益与现实社会权益发生冲突时，后者因为受到监管往往处于劣势，导致两者之间权益失衡，进而发生社会冲突，近几年多地出现的士司机罢市抵制网络专车便是典型的例子。

我国的网络经济基数很大、参与者众，有些店铺起步较早发展较好，体量、规模都比较大，如网络公司"天猫"上的裂帛服装店仅2015年11月11日这一天的销售额就达到了9822万元，但是我们还要看到网络经济在相当大的范围内还是作为普通公民致富的辅助方式，处于发展的初期。为促进经济发展，对于网络管理，笔者建议可以分两步走：先解决"有没有"的问题，将网络个体最大范围地纳入政府管理范畴，在此基础上再提高管理效能解决"好不好"的问题。以网商为例，笔者以为现阶段以实现工商登记为主，为鼓励网络经济个体进行工商登记。可以一定时期一定范围对其免除因工商登记带来的各项相关税费；对于老少边穷地区、残障人士、农产品、创新产品等还可以给予财政直补以降低创业成本促进就业，达到一定标准的网商再考虑收取税费，最终实现网上网下税费一致、公平竞争。

4. 网络社会管理模式中的安全问题

我们在构建网上网下二元化的管理模式时，不能因为网络机构管理带来的便捷就忽视了对现实社会实物部门的建设，须知网络安全始终像是潜伏在我们生活中某一个角落里的"伏地魔"，会在意料不到的某一时刻向我们发动攻击。2017年5月勒索病毒爆发，带给我们的几乎是一场全球性的网络灾难，至少有150个国家、30多万用户遭到了病毒的攻击、感染，造成损失约合80亿美元，影响到金融、能源、医疗等多个行业。仅英国就有16家医院的电脑被全部锁定，黑客要求每家医院支付近400万元人民币赎金，否则将删除所有资料，而我国仅各大高校就有将近2600万名学生面临网络勒索。

勒索病毒来源于美国，感染了包括美国在内的全球大部分国家，应该看到网络安全事件对各国来说都是个永远不能忽视的问题，我们在建设自己的信息化社会时，切不可将所有的鸡蛋放在同一个篮子里，尤其是政务管理系统，否则一旦爆发网络安全事故可能会导致相关管理发生崩盘的危险。例如，如果只有网店而没有实体店的存在，一旦网络被破坏就会产生人们无法购物的问题；当工商局只有网络机构没有实体机构，一旦网络被黑客攻击修改管理资料，如果我们没有资料进行管理数据恢复，大量的社会财富可能化为泡影。因此我们要时刻牢记网络社会是将现实社会结构、资源数字化形成的、以现实社会为依托且作用于现实社会的虚拟的关系网，一方面加强网络安全建设，另一方面坚持网络、实体两条腿走路，这样才能走得更快更稳。

结　　语

《2017全球中国信息社会发展报告》中指出，截至2017年我国共有38个地级以上城市进入信息社会，深圳、广州、北京三个城市的信息社会指数超过0.8，进入信息社会中级阶段。农村数字生活水平快速提升，2015

年我国农村网民规模达到 1.95 亿，比上年增加 9.43%，增速是城镇的 2 倍；2017 年全国信息社会指数（ISI）达到0.4749，比上年增长 4.60%。预计 2020 年前后全国信息社会指数将达到 0.6，整体上进入信息社会初级阶段。

　　——不论我们愿意不愿意，不论我们有没有准备好，在世界一体化的背景下，信息社会都以不可阻挡的趋势滚滚而来，随着我国信息化建设的不断推进，技术发展带来的社会问题将会不断蔓延，网络治理迫在眉睫。如何治理在国际上还有许多重大的理论问题没有解决，涉及民事、刑事、行政甚至人权等多方面，笔者以为在此前提下，激进的治理方案社会风险较大，将人们已经接受的现实社会的社会规范通过一定的规则适用于网络社会，能够在较短的时间内，以较低的社会成本取得较好的治理效果。以权益保护为切入点的网络治理方案正是基于这一理念提出的，希望能够有所裨益，亦希望未来能有更多的学习实践给予更多的理解与完善。

第六章　新时代法学高等教育
问题研究

　　高等教育是我国教育的重要组成部分，肩负着研究、传播知识和发展、培养人才的重要使命。当前我国正在大力推进信息社会建设和法治社会建设，这是世界历史发展的必然趋势，也是我国的基本国策，我们比以前更加需要具有创新精神和实践能力的人才，高校责无旁贷，高等教育增强实践性的改革成为政府、社会和公民个人的共同要求。笔者与几位专家学者共同组成了联合课题组，以增强法学教学的实践性改革为目标进行研究，我们发现学生对于新生事物的学习兴趣非常浓厚，学习需求个体差异性大，与此相对应的是我们的实践教学显得比较僵化，不能灵活地与这种差异化的需求相适应，应该进行改革。造成这种现状的原因是多方面的，本章将结合这次调研结果和我国现状，就信息化、法治化社会建设过程中的高等教育改革问题进行探讨。

第一节　研究法学高等教育问题的意义

随着信息化的发展，我们的生活越来越紧密地与各种新技术、新业态、新状况联系在一起：网络购物、打车，通过网络找工作、接受教育等。我们也面临着许多新问题：网络虚假信息、网络购物陷阱、网络维权……突然有一天我们发现原来的认知被颠覆了，我们以前的知识不够用了，在这个瞬息万变的社会里，先进的技术使我们每一个人变得既独立又与他人紧密相连，我们利用网络独自一个人工作、生活、娱乐，似乎过得很好，但是离开了这些现代文明的工具我们好像连买个影碟都很困难。我们有时候说建设信息社会，有时候又说建设法治社会，那么它们是彼此无关、各自独立运行的吗？不，其实它们是一个社会，就是我们现在生活的当下。信息化和法治化随着社会的发展和建设越来越紧密地融合在一起，我们每天享受着信息化和法治化带来的便利，也用信息化和法治化的手段保卫着我们的生活。

整个社会都在发生改变，那么我们的教育呢？我们要为这个社会培养什么样的人？让他在这个现代化的社会里不仅能自在地生活，还能为社会做贡献。我们的高等法学教育要如何改革发展才能适应这发展的滚滚洪流，为国家、为社会培养出有用之才？2012年6月，笔者与几位不同专业（法学、信息技术）的教师组成了联合课题组，就高校教改课题——以高等教育法学教育改革为目标，在大学本科生和研究生之间做了一个针对计算机犯罪及其相关教学的调查，研究在社会发展的大趋势下，学生学习的需求变化和现有教学中还存在的短板，希望从学生的层面找到高校教学改革的途径，并以此为基础对我国的法学高等教育进行研究。

第二节 关于法学高等教育现状的调查

我们这个联合课题组选择了法学教学作为教改的目标。高新技术与法律结合比较典型的范例，普遍认为是计算机犯罪，计算机犯罪的方式、方法与科学技术的发展水平密切相关，是法学教学中实践性非常强的部分，以此作为法学教学改革的切入点使我们的研究具有一定的挑战性。

由于技术的多变性和复杂性，围绕着计算机犯罪，法学界产生了许多争议，从管辖权的认定，主犯、从犯的认定，到证据的认定等许多方面，不论是实体法还是程序法，国内外目前都没有形成相对统一的结论，理论研究分歧很大，相关教学建设工作也踌躇不前。目前国内在中国人民公安大学和刑警学院等公安类院校课程设置相对较好，地方院校进展缓慢。我们计划以计算机犯罪的教学为切入点，组成一个包含信息安全、国际法、刑法、民法方面的专家学者的跨专业联合课题小组，对此进行教改研究。首先我们设计了一份调查问卷，计划针对这几个专业的学生进行问卷调查（也有财会、金融等专业的学生参与，但不是主要调查的对象），被调查人员包括本科生和研究生。我们计划通过调查了解不同性别、年龄、专业、学历的学生对于新兴技术教学内容的学习兴趣、学习需要以及学习现状，为后续的教改研究打下基础，使得我们的法学教学的教改工作靶向性更强。经过一个月的调研工作，共发放问卷 1000 份，最终参与调研的为校内信息安全、法律、财会、金融、哲学专业（公共选修课含多专业学生）本科、硕士阶段的学生，现将此次调查汇总后撰写调查报告以资参考。

法学实践教学方式改革的研究报告

背景

信息社会的兴起，使得我们传统的工作、生活方式发生了极大的转变，法律是由国家制定认可的、为社会普遍遵守的社会规范，在这一变革中面临的新技术冲击很大，原有的法条、法规对现有的生活方式不能很全面的涵盖，对于各种新出现的人与社会的关系的认定、规范争议很大。现有法律面临的冲击使得法学教学也面临改革的压力，如何将这一社会变化在教学中反映出来是本课题研究的重点。

高校学生作为社会生活的参与者，他们的思想、行为也受到了现实社会的许多影响，年轻的学生们几乎都会使用网络购物、订餐、交友，有的也遇到过包括电信诈骗在内的各种新型纠纷，这使得他们和早些年的学生从社会认知上、学习需求上都有所不同，我们的法学教学内容和教学方式可能需要调整。证据在法律中是一个非常重要的概念，电子物证是信息技术的产物，我们选取了计算机犯罪为切入点，以高等学校学生对计算机犯罪电子物证这一教学内容的认知和相关知识的应用能力培养为研究对象，认为目前的高等教育还存在许多可以丰富和完善的地方。

第一，计算机犯罪相关课程的教学内容过多地倚重理论教学，实践教学从方式到教材都严重缺乏。

第二，电子证据带有很强的技术属性，随着技术的发展更新也很快，电子取证技术等相关实验课的教学内容和形式存在滞后于现实的情况。

为了改变教学现状，加强理论与实践的联系，更好地培养为现实社会所需要的人才，应该对现有教学的内容和模式进行改革，并在课题组达成了共识。

调查对象和方法

本次《法学实践教学方式改革的研究报告》是在项目组老师的指导下基于计算机犯罪的实践教学进行的，调查对象为本校相关专业的本科生和研究生。调查方法主要是问卷调查。

调查的范围和人员

我们以法学类专业为主，对全校多年级多专业学生针对以下问题进行了调查：

1. 专业及受教育程度
2. 选择购物网站时主要考虑的因素
3. 自己是否会遇到计算机犯罪
4. 法律途径维权的意识
5. 我校计算机犯罪教学理论与实践的结合情况
6. 希望学习计算机犯罪电子取证实验课采用的模式
7. 了解计算机犯罪电子取证相关知识的途径
8. 学习中不愉快的经验
9. 学生比较喜欢的授课方式
10. 学生学习目的
11. 所知与计算机犯罪相关的课程
12. 所知可能会被计算机犯罪侵害的行业等

通过对调查问卷进行分类整理和统计，从而得出一些初步的结果并进行总结。

调查结果与分析

1. 教学基本情况

（1）对计算机犯罪情况的认知

从调查问卷中可以看出，由于计算机应用的普及，参与调研的学生不分专业、性别、年龄、学历，都有计算机和网络的使用经历，但是对于计算机犯罪的认知还远远不够：只有52%的学生认为自己在现实生活中会遇到计算机犯罪，如果在网络社会的活动中遇到的问题得不到解决，有42.2%的学生有采取法律途径维权的意愿。当问到所知的可能会被计算机犯罪侵害的行业有哪些时，64.6%的学生完全不知道，而剩下的35.4%的学生虽然做了回答，但是大都很简单、很片面，仅个别学生回答使用计算机的任何行业都会被计算机犯罪侵害。由此可见，我们的计算机犯罪教学情况很不理想，学生对计算机犯罪从存在方式到应对办法都缺乏认知，而且这种情况平均分布在我校的各个专业和各个年级。

（2）对计算机犯罪教学的认知

随着计算机犯罪的出现，我校法学和计算机类课程中都引入了计算机犯罪的教学内容，其他院系的部分学生通过公共选修课、双学位课程也学习了相关课程，但是由于计算机犯罪实践教学中尚有许多问题没有明确，导致理论与实践的结合比较薄弱，学生的认知感较差。当被问到"你所知道的与计算机犯罪相关的课程有哪些"时有86.8%的学生回答完全不知道，其余13.2%的学生回答了刑法及网络安全等。

2. 学生对计算机犯罪教学的建议

(1) 学习目的多样化

通过对学生学习计算机犯罪电子取证希望达到什么效果进行的调查，发现参与调研的学生不分专业、年级、学历都表现出对计算机犯罪电子取证知识学习的浓厚兴趣，但是不同专业甚至是不同性别的学生的学习目的是不一样的。

法律类学生主要希望促进相关法律理论的学习；经济类学生主要希望增强网络安全意识；工程类学生主要希望掌握电子取证技术。如以不同性别作为样本，男学生大多倾向于掌握电子取证技术，女生倾向于加深理论理解，而增强研判和解决工作后遇到的实际问题的能力是绝大多数学生共同的学习目的。

(2) 学习方式多样化，考核方式多样化，加强理论联系实践

通过调查问卷，我们得知大多数学生认为我校计算机犯罪教学理论与实践结合效果一般，这占样本人群的 42%，认为效果较差的占18.6%，学生们普遍希望能够增加实践内容。

在学习中学生普遍遇到没有理科基础、取证技术难以掌握、相关法条难以理解、授课内容滞后于实际等问题，有 10.2% 的学生认为当前的考核方式无法体现实际水平，如比较擅长的实践操作没有被纳入考核范围。对于案例分析、仪器展示、仪器操作、实案参与这几种教学方式，学生们都显示出了强烈的兴趣，加强实践教学的呼声很高。

得出的对策和建议

目前文科类高校的实践教学模式还不能很好地适应教学要求，尤其是在涉及高新技术学科方面较为薄弱，计算机犯罪实践教学具有跨学科

和涉及高新技术的双重特点，可以作为高校教改的一个切入点，通过更加细致深入的调查研究，解决跨学科尤其是跨文理科的教学内容在课程设置上的难题，建立有助于高校教学技术、设备更新的体制机制。建议加强对实践教学的扶持，加大高科技在教学中的更新力度，增强理论与实际的联系。法学教学的改革应该以培养学生为目的，朝着目标多元化、方式多元化的方向发展，同时可以在考核方式多元化方面做一些有益的尝试。

第三节　法学高等教学改革现状分析

一、高等教育

高等教育是指在完成中等教育的基础上所进行的专业教育，是一种培养高级专门人才的社会活动，其发展最早可以追溯到中世纪，经过了几百年的发展之后，目前高等教育公认的职能主要有三个：①培养专门人才；②科学研究；③服务社会。目前我国的高等教育学历有五种：普通高等教育、成人高等教育、高等教育自学考试、电大开放教育、远程网络教育。国家教育发展研究中心把我国高等院校划分为以下四种类型。

1. 研究型大学

这类大学学科综合性强，主要是为了满足社会对高层次研究型人才和研究型成果的需求。学校培养本科及以上层次的人才，研究生至少占到学生总数的 20%~25%，每年授予的博士学位数不少于 50 个。

2. 教学研究型大学

学校培养本科及以上层次的人才，以本科生、硕士生为主，个别行业性较强的专业可以招收部分博士生。

3. 教学型本科院校

学校主要进行本科生教学，特殊情况下存在少量研究生、专科生。

4. 高等专科学校和高等职业学校

这一类型的学校在教学和专业的设置上最为灵活，以满足当地经济建设和社会发展需要为目标。

据统计，截至 2015 年我国有普通高等学校和成人高等学校2852所，普通高校中本科院校1219所，高职（专科）院校1341所，各类高等教育学校总规模已经达到了3647万人，其中研究生招生 64.51 万人，普通高等教育本专科招生 737.85 万人，成人高等教育本专科招生 236.75 万人。应该说我国的高等教育发展整体布局还是比较合理的，考虑到了不同个体的发展需求，为社会提供了各种层次的人才。随着现代经济的发展，财富的产生已经越来越多地与知识技术联系在一起，各国对人才的需求从数量到种类都呈增长趋势，如何更快更好地培养出符合社会发展需要的人才，不仅关系到国民个人的发展，也关系到一个国家的整体实力和未来的发展潜力。未来社会的竞争已经从单纯地对资源、资金的竞争转变为对人财物的综合竞争，其中对人才的竞争越来越明显。在这种背景下，高等教育也朝着多元化的方向发展，结构从单一型向复合型演变，已经成为当今世界高等教育改革的一个重要趋势。

1999 年 1 月 13 日，国务院正式转发了教育部《面向 21 世纪教育振兴行动计划》，要求落实科教兴国战略，全面推进教育改革，努力提高全民族的素质和创新能力。

高校教改进入一个新阶段。

二、法学教改的背景

法学，是关于法律的科学，研究与法相关的问题，其核心在于对秩序与公正的研究。目前在世界各国的高等院校均开设有法学，法学是中国大学的十大学科体系之一，包括法学、社会学、政治学、公安学四个主要组成部分。法学几乎在我国的大部分高等教育机构都有开设，既有专门的政法、公安类大学，也有在高校内独立设置法学院系的，还有将法学作为一门课程进行教学的。目前我国五种高等教育学历、四种类型高等院校都有法学，学历从大专一直到博士后，我国的法学教学可谓是全面开花。

法学属于人文科学，但是它和经济学一样，与同属于文科类的文学、哲学、史学等学科有很大不同，法学和经济学具有更强的适用性，与社会的互动性更加明显，在教学过程中也明确引入了实践的概念和形式。许多高校在坚持理论联系实践的教学过程中逐渐形成了具有自己特色的教学体系和教学方法。例如，某高校的法学教学就有实习、暑期实践、实验课等多种方式，其中上实验课因为较为常态化，教学效果反馈及时，管理模式便于向理工类实验教学借鉴等优点而成为教学改革中的一个着力点和闪光处。就我国高等教育的普遍情况来看，法学教学要理论联系实践的理念已经基本确立，在实践教学方面相较于其他文科类专业起步较早，因此在高校文科类的教改中法学常常成为先行者、排头兵。希望以改革实践教学为切入口推进整个法学教育的改革，为其他学科教改打下理论和实践的基础，这是以生为本的需要，是社会发展的需要，也是高等教育自身发展的需要。

三、法学教改的难题

法学这个词的出现可以上溯到公元前 3 世纪末罗马共和国时代，法学教学在中西方都有很长的历史，在高等教育中形成一个专门的学科也有几百年了，为各个时期、各个国家培育了大量的法学人才。法学理论的研究不断深入，公民、政府和国家的法律意识不断增强，法学高等教育的成功和作用不言而喻，但是任何事物要想"永葆青春"都必须随着社会的发展不断进步，否则就有和时代脱节的风险。今天，随着科学技术的迅猛发展，法学教育面临新的挑战，如何使我们的教学体现社会生活的变化，如何改革现有教学形式，使我们培养出的学生成为适应变化发展了的社会的有用之才，拷问着我们每一个教育者的内心。

高校应该培养什么样的人才呢？

1998 年 8 月，全国人大制定并颁布了《中华人民共和国高等教育法》（以下简称《高等教育法》）。《高等教育法》规定："高等教育的任务是培养具有创新精神和实践能力的高级专门人才，发展科学技术文化，促进社会主义现代化建设。"《中共中央关于制定"十一五"规划的建议》明确将增强大学生的实践能力提高到培养国家人才战略的高度，实践教学成为中国教育改革的基本方向和目标模式。教育部《关于进一步深化本科教学改革全面提高教学质量的若干意见》（教高〔2007〕2 号）进一步强调："推进人才培养模式和机制改革，着力培养学生创新精神和创新能力。""高度重视实践环节，提高学生实践能力。"——培养具有创新精神、实践能力的人才是高校的普遍性要求，也是国家、社会赋予高校的神圣使命。

我们的社会纷繁复杂，一个法律工作者，不论他具体从事的是哪种工作——警察、律师、法官、法学家，又或者是公司的法务、政府的官员，如果没有较强的创新精神和实践能力，在面对社会日新月异的发展变化时容易陷入被动之中。即便是从事理论研究的法学家，如果没有经过实践，单纯通过查阅书籍、资料和冥思苦想也难以了解社会的新问题、新情况，更无法检验自己的工作。原最高人民法院院长肖扬曾经说过："法学教育的前途，在于服务社会的发展与进步；法学教育的生命，在于为法治建设提供优质的智力支持。"结合本次调研结果来看，加强实践教学、促进理论与实践相结合是国家、政府实务部门和学生的共同要求，也是当前高校教学改革的主要方向。从本次调研结果反映的情况来看，我们的高校教育还有许多可以改进的空间，具体从法学教学的角度来看，教改面临着以下几个问题。

（一）法学专业的特点与实践教学的认知冲突

前面我们说过，我国高等教育的普遍情况是法学教学理论联系实践的理念已经基本确立，在实践教学方面相较于其他文科类专业起步较早，那么此处认为法学教学中存在法学专业是否需要上实验课的争议是否产生矛盾？其实这并不矛盾，因为在国家政策层面和教育理论上是需要上实验课来加强理论与实践的结合，但是法学等文科教育长期以来都是以理论教学为主要形式的。在高等教育的法学教育教学领域中，传统法学课堂的理论讲授是我们传承法学理论知识、培养法律素养不可或缺的必要环节和基本形式：一方面，在法学理论的产生过程中理论推导就是主要的形式，如在龙勃罗梭（意大利犯罪学家、精神病学家）的实证研究方法出现以前，理论推导可以说是刑法理论进步的唯一方式，教学相应地也采取了这种理论推导的模式；另一方面，长期以来"书本中办案，黑板上折狱"的法学教育教学模式取得了一定的成效，也使得人们形成了这种法学教学不需要实验课的错误观念。例如，有些学校既没有实验教室，也没有实习、实践基地，并不具备实践的条件，因此没有进行实践教学，但是它们的教学效果也达到了要求，每年就业、司考、再深造的数据也不错，这样就会使得部分教育工作者和教育部门产生一种不需要实践也能教好法学的想法。

对此，清华大学法学院张卫平教授指出：从法学教育观念上来讲，我们一直比较注重理论方面的教学，注重灌输理论知识，在法学教育人才的培养上，没有把培养具有法律操作技能的法律实用人才作为培养的目标。在法律教育的目标取向上，是要把学生们培养成具有进行法学研究、写作论文、发表论文能力的法学人才，而不是法律实用人才。在观念上，有的教师认为，只要把法律概念、逻辑体系、理论框架灌输给学生，学生就可以将法律概念、法律原则适用于具体的案件分析，这实际上是误识。正是因为这种观念导致部分教师在课堂上过多地去纠缠晦涩、复杂的理论，而这些理论对培养具有实际操作能力的法律人才并没有多大的帮助。法学理论、法律概念、法律原则和法律条文与法律的具体适用之间还存在一个转化的环节，我们的教学在转化方面做的不够。

我们的社会需要多层次的法学人才，高等教育就应该提供多层次的法学人才，这也是国家和社会发展高等法学教育的意义和目标，脱离实际将使得高等教育与社会发展脱节。社会不仅需要法学专家研究法理问题，还需要大量的法律实务人才来解决社会现实问题，社会是一个分工协作的有机体，各种人才都应该按合理的比例携手合作。如果高校毕业的所有法学专业学生最终都成了法学家，而没有律师、法官、警察等，满地的坐而论道，无人起而行之，我们的社会将不可想象，因此培养具有实际操作能力的法律人才是高等教育的重要社会责任。笔者以为评判一个高校教学工作的优劣应该综合地去看它为社会做了多少贡献：培养出学识渊博的法学家固然是贡献，培养出执法懂法的律师、法官、警察，知法守法的商人、职员、政府官员，增强了全民的法律意识同样是贡献。人才的构成是多样性的，对于张卫平教授所谈到的这个转化环节，我们是否可以通过理论联系实践来解决呢？通过上实验课、到实务部门实习、参与社会实践等多种法学实践教学形式，可以让学生了解法律实务实际运作方式，增强学生的实际运用能力，这样学生毕业后进入实务部门就能尽快地适应审理案件、处理案件、代理各种法律事务的需要。同时，通过实践能够加深学生对现实社会的理解，有助于他们建立自己的人生观、价值观和世界观，能够更好地面对法律工作带来的各种人生挑战，也有助于他们规定自己的人生。

如果说理工科的知识需要通过实践才能真正掌握，那么法学的知识也绝不是一听就会、一看就懂的，那只能说我们对法的理解还太浅显，只停留在书本上——法学也要通过实践才能做到真正的掌握，"纸上得来终觉浅，须知此事要躬行"。对此，我们应该有一个明确的观念：法学实践教学与理论教学都有助于培养具有时代特征的法律人才，法学理论教学引导学生全面认识法学的基本概念、基本原理以及法律基本方法，实践教学培养学生灵活运用法律基本知识的能力。

（二）法学实践课的定性

目前在我国的大多数学校，实践教学尚不能真正融入法学教学培养体系，从课程设置、学时费计算、教学考核等多方面都只将其作为可选择的辅助性教学方式，是否进行实践教学、采取什么方式进行实践教学其实是与教师、学生的个人意愿密切相关的，学校并没有如理论教学一样进行严格的管理。这种教学状况与法学教育中所显示的社会科学的客观规律，以及文科教学内容与理工科教学内容的差异有着很大关系。

以实践教学的主要组成部分实验课教学为例，在一般人的传统认知中，实验始终是与理工科专业联系在一起的，实验应该是用来验证某一自然规律，即证明自然规则、定理的正确性，实验应该具有可重复再现性和稳定性，具有一个物化的过程和结果。在人们的观念中，做实验应该使用仪器，应该测量、记录、处理数据，分析实验结果，并且实验结果应该是在同等条件下能可靠地重复出现的同一现象，否则就不是实验课。社会科学的研究结果具有多样性、不确定性，法学知识或规则所体现出的结果无法产生自然科学的稳定性和绝对一致性。例如，同样的案件在不同的地区由不同的人审理结果可能会不尽相同，但是它们可能都是正确的。因此有些教师虽然已经认识到了实验课的重要性，但是对于实验课应该如何开展还没有形成正确的认识，有的人甚至产生了法学需要实践教学但是不需要实验课的错误观念。

法学实验课是法学实践教学的重要组成部分，开好法学实验课有助于培养法学人才，增强学生对法律知识的消化和吸收。我们应该转换思想，对实验课的性质有一个正确的认识：实验室的核心功能在于情景模拟，实验教学的目的在于促进理论的消化吸收，培养具有实际操作能力的复合型人才。因此，只要满足上述要求的模式、内容、手段等都可以用来丰富我们的法学实验教学。由此推而广之，尽管法学实践教学与我们传统的基于理工科实践教学而形成的对实践的内容、形式的认知不完全一样，但是它们具有相同的本质，都是高等教育实践教学的重要组成部分，应该获得同样的重视和发展。

（三）学生基础存在差异

目前我国许多高校法学科目的招生是文理兼收的，这就给我们的实践教学带来了一个难题，学生的理论基础不同导致课程设置存在验证题，设置什么程度的授课内容适合大多数学生。我们知道法学下面大致上还可以划分为四个主要的部分，即法学、社会学、政治学、公安学，它们在教学内容上各有侧重，而法学实践的内容就有很多种。以实验课为例，既有模拟法庭活动、路口盘查、现场勘查等实景的情景模拟教学，也有化学分析、电子取证的实验教学。而对于化学分析、电子取证等实验来说，学生能够理解接受的程度与其自身的数理化基础是直接相关的，数理化基础较好的学生可以理解并自己操作复杂的实验，而没有数理化基础的学生多以观看教师演示为主，稍微复杂的内容可能就会导致理解困难。因此虽然招收的理科学生可以掌握，但是为了教学、考核方便目前还是采取了老师实验、学生观摩的教学方式以照顾所有基础不同的学生。

再从另外一个角度来看看我们的学生构成。我们知道我国的高等教育学历有五种：普通高等教育、成人高等教育、高等教育自学考试、电大开放教育和远程网络教育。以上这五种学历教育都开设了法学科目，高等教育的法学学历涵盖了大专、本科、硕士、博士和博士后，他们在学习研究的过程中都面临理论联系实践的问题，单一内容的实践教学恐怕不能满足所有学生的学习需要。因此法学实践教学不能搞一刀切，要根据学生的不同基础、不同教学要求这一实际情况因材施教、因地制宜地进行实践教学活动，形成一个多层次的立体教学网。

（四）法学教师实践少

近些年，为了提高教学质量各高校纷纷加大人才引进和人才培养的力度，一大批具有高学历的人才进入教师队伍，同时各高校还多方面促进教师的科研工作和再深造。这些措施在造就了一大批优秀法学教师的同时也带来了弊端：法学类教师大多埋头法理研究，没有法律实务工作经验，进行法学实践教学的热情也不高。

造成这一结果的原因有两方面：一方面，现在就业压力大，一个人往往从这个高校毕业后直接就到了另外一个高校担任教师，没有时间从事法律实务工作，而学校出于人事管理的需要也倾向于招收刚刚毕业的学生进行培养，这就导致大量的教师在工作之初本身就没有实践经历，实践经验先天不足。另一方面，目前高校对教师的考核主要集中在课时、职称和科研上，而且后面两项对于文科教学来说主要是以论文的形式进行评估，实践教学及其成果尚未严格纳入教师考核体系。"上有所好，下必甚焉"，考核评估方式与每一个从教人员的生存发展密切相关，实践教学是建立在对实践的付出基础上的，一个实践课的顺利进行往往需要教师搜集、分析大量的一手资料（如卷宗），或者对学生进行较长时间的辅导（如学生以法律援助的形式参与案件办理），要耗费大量的精力和时间。为了能够获得更好的发展，教师往往首先选择纳入教师考核体系内的理论课授课、撰写论文和做科研项目，而实践教学则是在前者完成而精力尚有富余的情况下才会参与。教师在自身的成长过程中也难以深入实践，实践经验后天也不足。

由于许多教师本身的实践就不足，教授实践课程就显得比较被动，好的师资对于实践教学的展开和我们的理论研究都是非常重要的，应该下大力气想办法解决这个问题。

（五）法学实验教学课程先天不足

法学实验课是实践教学的重要组成部分，在实践教学各种方式方法里它与理论联系最紧密，实验教学与理论教学是同步进行的，穿插在整个理论教学的过程中，通常我们上节课在理论课上学习了一个知识，下节课就会通过实验去验证它，从而帮助理解消化理论知识，对于理论课的教学效果也是一个很好的反馈。

目前我国的法学实验教学存在开课随意性大、教学内容随意性大的特点，有些时候还存在理论与实践脱节的情况，如理论上讲到电子物证的种类，而实验室里的电子仪器可能已经是好几年前的了，市场上已经不再销售，现实社会也几乎不再使用，整体而言实验没有跟上时代的要求，将之展示给学生看意义不大，学生学习的兴趣也难以调动。笔者以为这与我们至今尚无一套完整的实验课教材有很大的关系。首先，没有统一的教材，教师无法进行授课内容的安排，只能凭借自己的经验进行实验课教学。其次，没有相应课程的教材，学生就无法做到课前预习、课后复习，只好临时抱佛脚了，学习效果自然打折扣。最后，没有统一的教材，学校也无法综合评估，上课的随意性就更加严重了。

高等学校是受到严格考核管理的事业单位，对于物资的申请和购买有一套严格规范的管理程序，对于教学仪器的购买也大都如此，而基于信息技术的高科技设备在生活中往往更新较快，导致有些学校的教学仪器反而落后于社会常用设备水平。虽然高校从理论上来说应该站在科学技术发展的前端，以使研究、教学成果对于社会生活具有先进性、引领性，但是一些高校在设备更新上有时候还是落后于社会发展，这种情况在实践教学相对较弱的文科类学校更是严重。

一个良好的实验教学体系必然要有优秀的教材做依托，一堂富有成效的实验课离不开先进的仪器设备，现代社会的发展迫切需要有实践敢创新的人才，笔者认为在这个问题上绝不能"等、靠、要"，应该组织一部分优秀高校和法学实验教学先进单位有计划、有步骤地编写一套实验教材，满足实验教学发展的需要，同时改善教学仪器的更新方式，以满足实践教学的前瞻性要求。

四、多层次法学实践教学

在高等教育改革呼声日益高涨的今天，我国高等教育所培养出来的法律人是否能够坚守职业道德和情操，将理论良好地应用于实践，在复杂的社会涉法利益冲突中科学地做出权衡与判断，富有成效地运用法律工具促进社会和谐发展，是摆在所有高校面前的一个难题。那么我们的法学高等教育应该如何培养出为社会所需要的懂理论、善实践的法学专业人才呢？这正是当下我们高校教学改革的一个重要目标。

从以人才培养为中心的思想来看，实践教学不但对理工科重要，而且对人文社科也非常重要，调查结果显示法学实践教学改革应该向多层次教学方向发展，根据学生基础和学习目的的不同，从师资力量、教材编写、硬件配置和教学方法等多方面分不同层次建立法学实践教学体系，满足学生的多样化发展需求。建立多层次法学实践教学体系应牢牢把握住两点：首先，创新实践教学是核心。其次，应该从法学教学整体高度把握实践教学改革，即所有项目都是为完成人才培养服务的，在这个意义上组成一个有机联系的整体，但是每个具体项目都应该有自己不可替代的特色。

第一，坚持"在学习中实践、在实践中学习"的教学理念。一方面通过实验、实训等方式深化、检验理论知识教学；另一方面鼓励运用理论知识来解决实际生活中的问题。围绕着法学人才培养，制定从专科生到研究生，从学生学习到教师科研的多层次实践目标，满足广大师生的学习研究需求，培养学生的法律实务操作能力、综合表达能力和创新思维能力。鼓励教师开设实践性、技术性强的法律运用课程，如律师诉讼技巧、商务法律实用、非讼处理、谈判技巧等。同时，加强实践教学，增加实训、实践的内容，合理安排演示性和验证性实验，使学生掌握在信息化社会和法治化社会工作、生活的基本能力和基本技能。

第二，建立一支专兼职结合、素质较高、规模合理、结构优化的实践教学师资队伍。这应该是一支理论与实践相结合的复合型的实践教学队伍，由学校的专职实践课教师、兼职实践课教师和实务部门的兼职实践课教师、合作院校的兼职实践课教师以及社会科研机构的兼职实践课教师共同组成，大家结合自己的特色各展所长，从多个层面拓宽实践教学的内容和范畴，以满足不同层面的教学、科研要求。相关专业的教师在合理安排教学的前提下可以适当参与法律实践，如实践性内容的进修、实践性科研的立项，从学校层面来说争取早日将实践教学纳入教师考核体系。

第三，科学调整理论教学和实践教学的比例。在人才培养方案上，增加实践教学的比重，积极组织编写实验教材系列，建立灵活的实验仪器采购模式，及时进行教学设备的更新换代。学校还可以以实践小组、课外实验等多种方式实现实践教学的对外开放，满足学生跨专业学习法学知识、进行法学实践的需要，将实践教学与复合型人才的培养、科学研究、社会服务有机地结合起来。

第四节　对我国法学实验教学改革的一点设想

实验是根据科学研究的目的，尽可能地排除外界影响，突出主要因素并利用专门的仪器设备人为地改变、控制或模拟研究对象，使某事物（或过程）发生或再现，从而去认识自然现象、自然性质和自然规律，是科学研究的基本方法之一。法学是中国高校的十大学科体系之一，具有开设面广、代表性强的特点，是当前文科实验教学的重点学科之一，主要表现在实验方法多样化、实验仪器多样化等方面。社会发展日新月异导致犯罪样态也"推陈出新"，对法学实验教学提出了更高的要求——如何既保证教学基础内容的稳定性，又适应社会发展的多变性，并反映新型犯罪方式方法是当前法学教育尤其是法学实验教学面对的难题。电子取证是社会信息化和法治化的一个很好的衔接点，也是法学教学改革中一个有代表性的部分。本文以法学实践教学改革为基础对此进行探讨，努力将分层次的实践教学模式在电子取证实验课程上具体化，以期对文科类的实践教学改革，尤其是高新技术的引进和应用有所帮助。

一、电子物证

电子物证是存储于介质载体中的电磁记录或光电记录，是对案件事实起证明作用的电子信息数据及其附属物。与传统证据相比，电子物证具有高技术性、存储和提交形式多样性、客观性、易变性、存在的广域性、实时准确性的特点，是高新技术在司法领域内使用的典型代表，也是法律实务中的一个难点。改革电子取证实验教学对于如何将高新技术引入文科类课程具有一定的代表意义，对于建立一种新型的适应技术革新的文科类课程的实践教学模式具有一定的借鉴作用。本文提出的分层次实践教学模式，就是基于电子取证技术的高技术性和不同专业学生学习基础和学习要求的多样性提出的，希望能够对文科类科目的实践教学革新有所帮助。

二、电子取证实验

随着电子产品的普及，电子物证可能存在于我们生活的每一个角落：U盘、数码相机、手机、电脑等。诈骗、盗窃等我们生活中的所有犯罪几乎都有可能存在电子物证，电子取证实验涵盖面也比较广，其教学内容跨越理科和文科，从设备研发到技术更新，从理论研究到实践应用，涉及的专业包括计算机、通信、法学、公安等。但是相关专业实验教学的侧重点各有不同，甚至区别很大。就法学实验本身来看，一般高校课程设置都面向公安和法学两大类学生，学生就业后可能是运用电子物证的法官、律师，可能是现场勘查的警察，也可能是在刑侦实验室进行证据分析的鉴定人员。如何因材施教，培养适应社会需要的人才，给现有实验教学模式提出了更高的要求。

就取证技术研发工作而言，目前电子物证主要在计算机和通信两个专业，技术发展依托于信息技术的发展，自身也进步较快，但是应用规则等方面的法理研究在国际、国内还存在许多争议。客观地说，法理研究远远没有跟上技术研发的脚步，一些先进技术因为法律、法规的限制和相关法律人才的缺乏，在司法实践中采用很少，甚至根本没有被采用，可以说目前是犯罪分子无所不用其极，而司法办案却要想了又想，高校教学更是犹犹豫豫。电子取证实验具有跨学科、更新快的特点，对于教学的稳定性来说，无论从师资队伍建设、教材编写、课程设计，还是考核方式和设备更新等方面都提出了挑战，是快速变化的社会对高校教学的挑战，也是当前文科类实验如何引进高新技术以促进教学必须尽快破解的一个难题。笔者认为电子物证类法学实验应该从多方面加速发展，以便师生从实验中了解、掌握相关知识，总结客观规律，为相关理论研究、人才培养打下坚实的基础，也是高新技术在文科类实验中应用模式的一种有益探索。

三、一种多层次实验教学模式

电子取证实验目前主要在公安院校中设立。中国人民公安大学和刑警学院的实验课设置较为完整，包含独立实验课程、专业课题设计、项目实践、毕业课题、科技创新、公安认知型实践、公安专业业务实习等多种形式，而有些地方高校由于缺乏实验设备、实验教案等几乎都未设置该方向的实验课。笔者所在的中南财经政法大学虽然购置了相关教学设备，但是目前电子取证实验只在教师中展开，主要是作为科研之用，并没有面向广大学生推广，究其原因主要有以下几点：①没有合适的教材；②实验设备只有一套，且价格昂贵，无法多人同时操作；③学生多为文科生，无法实际操作设备，即使观摩老师操作，在没有详细指导的情况下也很难有所领悟。

从教师的角度来说主要存在以上三个问题，那么学生学习电子取证有什么难处和要求呢？此次主要面向法学院、刑事司法学院和信息学院的本科生和研究生所做的问卷调查包含了这个问题。通过问卷调查我们可知，许多学生尚不能正确区分某一犯罪是否涉及电子物证，在相关案件的办理过程中可能需要进行电子取证——这些情况在本科生，尤其是法学类本科生中比较严重，试想如果不对这部分教学内容进行补充，上述学生从事司法工作后遇到相关问题也许会犯下不可挽回的错误。同时，我们还了解到，广大学生对于电子物证这样的高新技术不但兴趣浓厚而且兴趣呈多样化，前面我们已经谈到：法律类学生希望通过实验促进相关法律理论的学习；经济类学生希望增强网络安全意识；信息类学生主要希望掌握电子取证技术；而绝大多数学生都希望增强研判和解决工作后遇到的实际问题的能力。同学们还希望自己的实践能力能够通过考核展示出来，基于以上调研结果，笔者提出了一种分层次的电子取证实验教学模式，希望能够以人才培养为目标，以适应不同专业要求，不同学习基础为切入点建立一种分层次的实验教学模式，同时建立合理的高新设备引进、退出制度，以满足实际教学的需要。该模式从师资建设、教材设计、课程设计、考核方式、设备更新几个方面着手进行讨论，力求更符合当前教学改革中面临的实际情况。

1. 师资建设

电子物证存在于今天我们所知的几乎所有犯罪类型，听起来很遥远，实际上与我们生活结合得相当紧密。相关知识因使用者不同涉及从理科到文科的很大范围，属于多学科交叉范畴。目前在笔者所在学校与之相关的主要有信息学院、法学院和刑事司法学院，笔者认为我校电子取证的实验课教师可以主要由这三个学院的老师组成，按照教学内容的不同，交叉授课，以弥补文理科专业不同带来的师资不足。例如，信息学院的教师讲授相关课程时，可以安排法学院或刑事司法学院的老师上法学实验课，以使信息学院学生可以了解关于电子取证在司法实践中的作用及相关法律法规。法学院和刑事司法学院的老师在讲授计算机犯罪时可以安排信息学院的老师上取证技术实验课，以使法学类专业的学生可以了解电子物证的表现形式和电子取证的方式方法。另外，还可以在法律实务部门聘请专业人员做实践教师，引导学生进行实践应用，缩小校园课堂教学和社会实践应用的差距。

2. 教材设计

目前电子取证还没有统一的教材，散现于其他实验教材的教案存在实验形式单一、内容陈旧的特点，对学校现有资源利用不够充分。笔者建议组织包含信息学院、法学院和刑事司法学院的老师在内的跨学科综合师资力量，编写一本多专业共用的专门的电子取证实验教材，以计算机犯罪为基点，该教材内容涵盖法学的案例分析、刑事司法的现场勘查、信息的取证技术等涉及电子取证的全方面实验教学内容，使得学生对于计算机犯罪情况有一个整体的感观。不同专业的学生对于同一本教材中的实验课程不需要全部掌握，只需学习与自己专业相关的实验课程就可以达到教学要求了。实验课也可以有必修课与选修课，实验课不是教学内容的完结，而是创新精神的开始，当不同专业的教师在讲授不同的课程时可以根据学生基础、教学要求、学生兴趣等几个因素在该教材中选择合适的教学内容有针对性地进行教学，学生对于课内没有讲授的内容也可以该教材为参考选择辅修或旁听，则电子取证实验虽然学科跨度较大，但是以该教材为基础仍然具有很强的完整性和连续性。

3. 课程设计

课程设计以前述师资队伍建设和教材编写为基础条件，笔者认为方式可以多元化，内容可以按照学习者的不同情况分为几个不同的程度。

①针对无理科基础的法学类本科生，可以设计计算机犯罪案例展开案例分析实验课。②针对可能从事公安工作的刑事司法类学生可以设计现场勘查、简单取证技术类实验课，以熟悉相关物证的形貌、存在方式和取证规则、取证工具为主。③针对信息类学生，可以设计技术性较强的取证实验，让学生掌握一定的取证技巧。④可以设计包含各学院学生的模拟法庭实验，则实验涉及法官、律师、专家证人、当事人等多种角色，让学生熟悉在计算机犯罪案件的办理中可能涉及的各项工作。⑤硕士研究生及以上学历的学生应该考虑他们基础各异及就业和科研的双重需要，允许他们既可以自由参与上述实验，也可以根据教学和科研要求申请其他类型的实验。如此，则整个电子取证实验体系可以满足不同层次的教学要求。

4. 考核方式

因该多层次实验教学模式采取了跨学科编写教材和跨学科教学的方式，笔者认为对于学生的考核也应该有一定的灵活性。笔者建议实验课的总成绩应该由单次课成绩加权平均而成，而单次课的成绩由该实验课的授课老师给出。例如，一个法学院的学生在学习计算机相关法规时上了三次实验课，分别是法学院老师教授的案例分析、刑事司法学院老师教授的现场勘查和信息学院老师教授的取证技术，则该学生有三个单次课成绩，分别由以上三位老师给出，而他的实验课总成绩则是这三个单次课成绩的加权平均值。另外，还有学生提出自己的实践动手能力比较强，希望考核时能够有所体现，笔者建议在必修的实验课外可以自己选修实验课，选修实验课的分数也可以参与计算，则上例中所述法学院学生实验课的总成绩应该是三门必修实验课和自己选修的实验课分数的加权平均值。笔者认为考核方式的多样化可以充分反映一个学生的综合学习效果，有助于激发学生的自主学习兴趣。

5. 设备更新

计算机犯罪技术日新月异，电子取证设备也不断发展，高校作为先进人才的培养基地，应该保持教学的前瞻性，相关电子取证实验的教学设备应该确保先进性，以使教学内容不至于与社会脱节。笔者认为可以有两种更新渠道：①以教案更新促设备更新。教师可以依据电子取证技术和计算机犯罪法条法规的发展情况设计新的教案，并以此向学校申请设备更新。②以设备更新促教案更新。学校可以采用组织专家座谈、与其他科研院校和实务部门交流等方式，根据技术发展的实际情况定期引进和更新教学设备，并将新设备的情况及时公开，告知相关师生，以使教师在此设备的基础上设计出新的教案。

结　　语

我们常说一个问题的产生是多种因素综合作用的结果，同样，一个问题的解决往往也需要多种力量共同作用才能取得最好的效果。各种现代化技术的飞速发展和应用使得我们被紧密无形地联系在一起，我们在现实社会中遇到的问题也许比我们想象的要复杂得多，仅仅依靠单一的力量往往很难得到较好地解决。在社会信息化和法治化的今天，法律要面对的是比以前复杂得多的现实情况，需要各种类型的人才去协同解决，因此高等学校的法学教育肩负着一个非常重要的使命：研究、传播更新的法学理念，发展、培养更优秀的法学人才。

实践出真知，为了探究法学高等教育的改革路径，课题组采取了实践—理论—实践的方式，以校内相关教学现状为基础进行理论研究，然后提出了基于电子取证多层次的实践教学模式，这种教学模式是否具有普适性还有待实践的检验，但是这种多专业联合，从实践中来、到实践中去的研究方式使笔者获益匪浅，笔者深切地感受到实践对于理论研究的重要性。培养具有创新精神和实践能力的人才是每一个高校的使命，也是高校教改的主要方向，衷心希望我们的高等教育在这条路上能够走得更快更好。

第七章　新时代信息技术的
司法应用问题研究

——以动态取证技术为例

　　如何利用先进技术及时有效地获取合法有效的犯罪信息是当前司法界和技术界的共同难题，动态电子证据的获取在预防犯罪尤其是恐怖犯罪方面有极其重要的作用，被世界各国普遍采用，但是在法律上还有很多争议。我国的信息化建设和法治化建设使得技术与法律前所未有地紧密结合起来，法治化建设迫切要求高新技术的保驾护航。非法侵入计算机信息系统犯罪是一种查证率极低的高技术犯罪，因其危害的严重性成为世界各国重点打击的对象，本章从司法适用的角度以非法侵入计算机信息系统犯罪为对象对动态取证进行探讨，通过研究如何设计出合法有效的动态取证系统，为日益更新的信息技术在当前的司法实践中探索有效的应用途径。

第一节　研究信息技术司法应用问题的意义

随着科学技术的突飞猛进，计算机网络化已经成为时代的发展趋势，它在扩展我们社会生活领域的同时也扩展了犯罪的领域，不仅传统犯罪计算机化，还产生了一种新形态的犯罪——计算机犯罪。现有针对计算机犯罪的司法遏制力量是相当薄弱的，如何获取具有法律效力的动态电子证据成为解决问题的关键之一，这是法治的难题，也是信息技术的难题。随着技术的不断发展，现有技术已经可以获取许多具有物证性质的电子信息，但是由于法律、法规的限制，这些技术还不能被司法引入，也就是用这些技术提取的电子物证不被法庭认可，这种情况下，相对于犯罪技术的无所不用其极，司法显得非常被动。许多犯罪分子采取网上联络的方式推进犯罪，采用动态取证的技术及时获取网络信息可以大大减少犯罪，减少由此给人民群众带来的伤害，但是目前司法上争议很大，这是公民个人隐私权和集体利益之间的矛盾，虽然许多国家都在采用这些技术，尤其在预防恐怖犯罪方面取得了较好的效果，但是要想获得无可非议的司法认可似乎比较困难。"魔高一尺，道高一丈"，为了维护来之不易的社会发展成果，应将信息技术尽快合法有效地应用到司法实践中去，以应对当前我国信息化和法治化建设发展的需要。

第二节　动态取证技术司法应用的现状分析

一、非法侵入计算机信息系统犯罪

在全球日益信息化的今天，我们的工作、生活越来越多地依靠计算机及其网络进行。为了维护信息安全，一些重点领域的计算机信息系统，都设置了严密的访问控制机制，即安全防护体系。这是禁止和控制非法用户进入计算机信息系统、浏览目录、打开文件、进行操作的一系列"协议"（规则）、加密措施和其他技术防护手段的有机整体。因此，非法侵入计算机信息系统的行为，通俗地说，就是未经允许，采取破解密码等技术手段，突破、穿越、绕过或解除特定计算机信息系统的访问控制机制，擅自进入该系统窥视、偷看信息资源的行为。

1994年，一个名为"数据牛仔"的英国伦敦少年，利用互联网闯入了美国空军罗姆实验室的计算机网络，对这个专门从事武器系统、人工智能和雷达导航的尖端科技机构的网络进行捣乱，致使该实验室的33个子系统瘫痪好几天，造成的损失高达50多万美元。

1995年8月，一个阿根廷"黑客"侵入美国海军研究实验室及其他国防机构，诸如国家宇航局及洛斯阿拉莫斯国家实验室的计算机网络。这些系统存有飞机设计、雷达技术、导弹及卫星工程等敏感信息。美国海军至今仍无法确认究竟哪些信息被盗窃或泄露出去，更无法估计损失到底有多大。

从上面两个典型案例中我们可以看出，非法侵入计算机系统可能造成巨大损失，甚至威胁到国家安全，但是事后的取证处罚却十分困难，如果缺乏有力的证据甚至不能正确估价损失，受害方将处于一个十分被动的地位。非法侵入计算机系统犯罪因其危害的严重性成为世界各国重点打击的对象，其存在于所有惩治计算机犯罪的刑事立法之中。英国甚至在《2000 年恐怖主义法令》中规定，入侵公共网络系统的黑客将会与恐怖分子一样论处。

我国《刑法》第二百八十五条明确规定："违反国家规定，侵入国家事务、国防建设、尖端科技领域的计算机信息系统的，处 3 年以下有期徒刑或者拘役。""违反'国家规定'"指违反《中华人民共和国计算机信息系统安全保护条例》第四条规定："计算机信息系统的安全保护工作，重点维护国家事务、经济建设、国防建设、尖端科学技术等重要领域的计算机信息系统安全。"该条例的第二十四条同时载明："违反本条例规定的，构成违反治安管理行为的，依照《中华人民共和国治安管理处罚条例》的有关规定处罚；构成犯罪的，依法追究刑事责任。"在我国，非法侵入计算机系统罪是行为犯罪，不以行为人入侵计算机系统后产生的后果作为构成要件，只要行为人实施了非法入侵计算机信息系统的行为即可构成犯罪。本罪的行为对象只能是国家事务、国防建设、尖端科技三个领域的计算机信息系统。目前，我国侦查队伍在警力、技术方面还远远跟不上形势的需要，司法人员的素质也离专业化的要求相去甚远，调查取证、定罪量刑等多方面的原因致使对该类犯罪的查办率相当低。

二、动态取证的司法要求

非法侵入计算机信息系统犯罪是一种高技术犯罪，具有极高的隐蔽性，犯罪黑数高，发现率低，查证率更低，侵入计算机信息系统是一个动态的过程，如何找到有力的证据证明其犯罪行为是世界各国都面临的司法难题。笔者认为技术性强的动态电子证据是克敌制胜的重要武器，如果充分运用高技术手段抓住犯罪分子作案时留下的蛛丝马迹，将大大减少侦查和审判的司法成本，促使作案人尽快缴械投降。目前相关刑事诉讼中遇到的主要问题是如何取证、认证，符合电子证据的取证规则和认证规则的电子证据是证明本罪成立的重点和关键。

我国《刑事诉讼法》第四十二条第一款规定"证明案件真实情况的一切事实，都是证据"，因此我国法律上也是承认电子证据的证据地位的。电子证据分为静态电子证据和动态电子证据。静态电子证据可以针对相应存储介质采取搜查、扣押、命令提交等措施进行收集；而动态电子证据处于数据的传输过程中，在通信网络中保存时间短，如果不能在计算机通信过程中实时截取，可能无法获取这种电子证据，因此动态电子证据则只能采取实时收集（电子监视）措施。此外，收集动态电子证据一般不采取阻碍数据通信正常进行的方式。由于非法侵入计算机信息系统犯罪的犯罪主体通常具有极高的计算机水平，犯罪完成后可以轻易地抹掉侵入痕迹，静态电子证据往往"缺位"，因此动态电子证据的合法获取将是极佳的取证方案。

动态电子证据作为证据必须具备证明力和证明能力两方面的法律特性：①电子证据与案件事实之间具有客观存在的关联性；②电子证据能够用于证明的能力或资格，能够被允许作为证据加以调查并在法律活动中得以采纳，这与电子证据的合法性相对应。大陆法系国家较少规定电子证据的可采性规则，一般只规定电子证据取证规则或者取证措施，依照法定程序收集到的与案件事实相关的电子证据一般都具有证据的可采性。如果存储、传输、处理电子数据的电子设备符合有关国际标准、国家标准或者行业标准，在没有证据证明电子设备中电子数据被破坏的情况下，法官可以认为这种电子设备中的电子证据具有可采性，证明力也较高。

动态取证即实时收集数据，不是对目标数据的无理扣押，而是对传输中数据的复制，在取证方式上往往是设计智能化的专家系统来进行，它涉及软硬件两方面的问题，应从保证电子证据法律效力的角度进行设计。动态取证系统的设计应符合保密性、完整性和可用性的要求，这直接关系到动态数据的可靠性。一个没有安全保证的动态取证系统，不能确保忠实于实时数据，将使证据的证明力大大降低。有关证据采用标准和电子系统安全性标准对司法活动中动态电子证据的适用具有重要意义，我国已制定的信息安全标准应作为设计动态取证系统的技术参考，如《信息技术设备的安全标准（IEC950）》（GB 4943—1995）、《计算机信息系统安全保护等级划分准则》《指挥自动化计算机网络安全要求》《军用数据安全要求》等。

第三节　依法构建动态取证系统

在日常生活中入侵检测系统常用来检测计算机系统侵入。国际计算机安全协会（ICSA）将入侵检测系统定义为：通过计算机网络或计算机系统中的若干关键点收集信息并对其进行分析，从中发现网络或系统中是否有违反安全策略的行为和遭到攻击的迹象。入侵检测是用来检测对计算机或网络未经授权的使用或攻击过程。笔者认为如果能够结合司法要求在入侵检测系统上进行完善，构建动态取证系统将给非法入侵计算机系统犯罪以有力的打击。

入侵检测的原理是入侵检测系统中预先设置被检测系统安全运行状态下的运行数据，数据内容包括系统、网络数据及用户活动的状态和行为，并以此作为审计事件数据。被检测系统运行时，入侵检测系统将实时采集相关用户和系统活动数据进行有效的组织、整理及特征提取以鉴别出我们感兴趣的行为。如果我们根据诉讼要求选取采集的数据，并依法保存将大大提高动态电子证据的取证成功率。

我们在侦查一起入侵计算机信息系统犯罪时，侦查机关要全面调查计算机信息系统中存储的计算机数据或者计算机程序的配置情况，即犯罪过程在计算机系统中留下的电子记录，包括犯罪嫌疑人调取了哪些系统资源，进行了哪些操作，以什么方式进入计算机信息系统，使用的用户身份，进入被害人的计算机信息系统所使用的 IP 地址及发生时段等，查明系统资源调取者的真实身份对本罪定罪具有重要意义。

根据被害人计算机信息系统中的有关电子证据，可能要回溯调查犯罪嫌疑人所使用的通信网络、计算机系统，即获取有关计算机信息网络服务单位的有关日志记录、犯罪嫌疑人所使用的计算机系统中的有关记录等，最终找出入侵行为的实施者。

笔者认为设计动态电子证据取证系统时应根据以上这些侦查要件来确定被采集数据，非法入侵一旦被确定，应立即截取相关数据保存在一个独立的只读存储器内，同时还应保存该动态取证的运行数据，并采用数字签名的方法将所有保存数据锁死，以证明提取的动态数据是由动态取证系统在正常的业务处理活动中自动生成的，该电子证据在生成、保存、收集、保全整个过程中未被修改，以便法庭采纳这类电子证据并赋予其适当的证明力。

入侵计算机信息系统犯罪可能直接威胁到社会安全，为了不惊动犯罪分子最大限度地掌握证据，特殊情况下可能需要秘密取证。最高人民检察院《关于侦查机关侦查工作贯彻刑诉法若干问题的意见》第三部分第三条第（五）项规定："检察人员和检察人员指派的其他人员采取的秘密方式获取的视听资料，不能直接作为证据提交法庭，需要提交法庭的，检察人员可以通过讯问和其他方式将其转化为能够公开使用的证据。秘密获取视听资料证据的，获取人应将获取该视听资料的时间、地点、经过、获取人的姓名记载入视听资料中。视听技术设备达不到这种要求，或不便在视听资料中反映的，获取人应将获取该视听资料的起止时间、地点、姓名及制作经过做出笔录附卷。"笔者认为动态取证系统设计时应该将这一条款考虑进去，可以利用系统自动生成相关记录，以应对法庭质证。

结　语

入侵计算机信息系统犯罪是一种技术犯罪，要有足够的技术手段才能防范制止，相应的技术保障必不可少，建立在别人技术之上的安全是不可靠的，研制自己的动态电子证据取证系统前景光明。本章从相关技术的司法适用方面进行探讨，初步提出了设计动态电子取证系统的要求，力求使先进的科研技术成果能够为司法实践服务。当然，这其中还有许多问题要解决，如动态取证系统的所有权归属问题、维护问题等，都对该系统设计思路产生影响。笔者相信司法的要求必将推动技术的进步，反之技术的进步亦将为完善司法制度提供更加有力的保障。

参考文献

［1］教育部社会科学研究与思想政治工作司 . 马克思主义政治经济学原理［M］. 北京：高等教育出版社，2003.

［2］腾讯研究院法律研究中心 . 2015 年十大国外互联网政策［R］. 腾讯研究院，2015.

［3］习近平 . 在庆祝中国共产党成立 95 周年大会上的讲话［R］. 新华网，2016.

［4］习近平 . 在第二届世界互联网大会开幕式上的讲话［R］. 新华网，2015.

［5］托夫勒 . 第三次浪潮［M］. 北京：中信出版社，2006.

［6］李兴国 . 信息管理学［M］. 北京：高等教育出版社，2007.

［7］何哲 . 网络社会治理的若干关键理论问题及治理策略［J］. 理论与改革，2013.

［8］张恒山 . 美国网络管制的内容及手段［J］. 红旗文稿，2010.

［9］马克思恩格斯全集［M］. 北京：人民出版社，1957.

［10］张文显 . 法理学［M］. 北京：高等教育出版社，2011.

［11］朱景文 . 法理学［M］. 北京：中国人民大学出版社，2015.

［12］焦洪昌 . 宪法学［M］. 北京：北京大学出版社，2013.

［13］张千帆．宪法学［M］．北京：法律出版社，2015.

［14］朱勇．法制史［M］．北京：法律出版社，2016.

［15］斯塔夫里阿诺斯．全球通史［M］．北京：北京大学出版社，2006.

［16］赫伯特·乔治·威尔斯．世界简史［M］．北京：民主与建设出版社，2015.

［17］蒋碧昆．宪法学［M］．北京：中国政法大学出版社，2012.

［18］高富平．民法学［M］．北京：法律出版社，2009.

［19］江平．民法学［M］．北京：中国政法大学出版社，2011.

［20］曲新久．刑法学［M］．北京：中国政法大学出版社，2016.

［21］姜明安．行政法与行政诉讼法［M］．北京：北京大学出版社，2015.

［22］曾宪义，赵晓耕．中国法制史［M］．北京：北京大学出版社，2013.

［23］周振甫．毛泽东诗词欣赏［M］．北京：中华书局，2010.

［24］宋玮．金融学概论［M］．北京：中国人民大学出版社，2013.

［25］张学民．实验心理学［M］．北京：北京师范大学出版社，2011.

［26］中共中央党史研究室第三研究部．中国改革开放30年［M］．沈阳：辽宁人民出版社，2008.

［27］中共中央关于全面推进依法治国若干重大问题的决定［N］．人民日报，2014-10-29.

［28］张明楷．刑法学［M］．北京：法律出版社，2009.

［29］尚重生．当代中国社会问题透视［D］．武汉：武汉大学，2007.

［30］丁元竹．社会发展管理［M］．北京：中国经济出版社，2006.

［31］何荣功．社会治理"过度刑法化"的法哲学批判［J］．中外法学，2015（2）.

［32］吴汉东．知识产权法［M］．北京：北京大学出版社，2007.

［33］李明德. 知识产权法［M］. 北京：社会科学文献出版社，2007.

［34］赵廷光，朱华池，皮勇. 计算机犯罪的定罪与量刑［M］. 北京：
人民法院出版社，2000.

［35］康树华. 犯罪学通论［M］. 北京：北京大学出版社，1992.

［36］安德烈·博萨. 多重性跨国、跨地区犯罪［J］. 环球法律评论，
1992（3）.

［37］屈学武. 因特网上的犯罪及其遏制［J］. 法学研究，2000（4）.

［38］何家弘. 电子证据法研究［M］. 北京：法律出版社，2002.

［39］赵秉志，于志刚. 计算机犯罪比较研究［M］. 北京：法律出版
社，2004.

［40］李文燕. 计算机犯罪研究［M］. 北京：中国方正出版社，2001.

［41］中华人民共和国民法总则编写组. 中华人民共和国民法总则
［M］. 北京：中国检察出版社，2017.

［42］陈光中. 刑事诉讼法［M］. 北京：北京大学出版社，2016.

［43］切萨雷·贝卡里亚. 论犯罪与刑罚［M］. 北京：北京大学出版
社，2008.

［44］王立梅，刘浩阳. 电子数据取证基础研究［M］. 北京：中国政法
大学出版社，2016.

［45］曾斌. 立案定罪量刑标准与适用［M］. 北京：法律出版社，2003.

［46］习近平. 习近平代表第十八届中央委员会向党的十九大做的报
告［R］. 新华网，2017.